O MELHOR DA VIDA

Calunga

© 2013 Luiz Antonio Gasparetto

Direção de arte: Luiz Antonio Gasparetto
Coordenação de criação: Priscila Noberto
Coordenação de comunicação: Marcio Lipari
Capa: Helton Rodrigues
Diagramação: Priscilla Andrade
Supervisão de revisão: Cristina Peres
Preparação: Mônica d'Almeida
Revisão: Lídia Franco e Lucimara Falco
Transcrição e compilação dos cursos: Lúcio Morigi

1ª edição – 3ª impressão
2.000 exemplares – agosto 2023
Tiragem total: 14.000 exemplares

Dados Internacionais de Catalogação na Publicação (CIP)
(Câmara Brasileira do Livro, SP, Brasil)

Calunga (Espírito).
O melhor da vida / Calunga ; [psicografado por] Luiz
Gasparetto. — São Paulo : Centro de Estudos Vida &
Consciência Editora, 2013.

ISBN 978-85-7722-131-8

1. Calunga (Espírito) 2. Espiritismo 3. Psicografia
I. Gasparetto. II. Título.

10-10153 CDD-133.93

Índices para catálogo sistemático:
1. Mensagens psicografadas : Espiritismo 133.93

Todos os direitos reservados. Nenhuma parte desta edição pode
ser utilizada ou reproduzida, por qualquer forma ou meio, seja
ele mecânico ou eletrônico, fotocópia, gravação etc., tampouco
apropriada ou estocada em sistema de banco de dados, sem a
expressa autorização da editora (Lei nº 5.988, de 14/12/1973).

Este livro adota as regras do novo acordo ortográfico (2009).

Vida & Consciência Editora e Distribuidora Ltda.
Rua das Oiticicas, 75 – Parque Jabaquara – São Paulo – SP –
Brasil
CEP 04346-090
editora@vidaeconsciencia.com.br
www.vidaeconsciencia.com.br

O MELHOR DA VIDA

Calunga

PELO MÉDIUM
LUIZ ANTONIO GASPARETTO

QUEM É
Calunga

Um desencarnado que resolveu interferir no mundo dos aparentemente vivos. Certamente, ele é mais vivo que qualquer um de nós, pelo menos em sua esperteza em observar a vida como bom mineiro que foi quando estava entre nós.

Negro, sem dentes, descalço e sempre vestido de linho bege, Calunga conserva a aparência de quando viveu na Terra porque, segundo ele, isso lhe dá a humildade para lembrar quem realmente ele é.

Carismático, terno e firme, possui uma sabedoria sobre a natureza humana que surpreende a todos. Consegue, com um piscar de olhos, tocar o mais profundo de nosso ser. Nem mesmo as pessoas mais fechadas e protegidas conseguem resistir ao seu charme e à sua sabedoria.

Calunga começou a procurar Luiz Gasparetto há mais de trinta anos. Naquela época, o seu modo arrojado e informal de ser assustou o médium, mas, com o tempo, Gasparetto reconheceu nele uma sabedoria e uma bondade incomuns que o cativaram por completo.

Porta-voz dos espíritos superiores, Calunga está sempre a nos mostrar novas formas de lidar com as velhas questões da vida.

COLEÇÃO CALUNGA

Saiba mais
www.gasparettoplay.com.br

Apresentação

Este trabalho se originou de um conjunto de encontros com o Calunga no Espaço da Espiritualidade Independente de São Paulo, cuja tônica consiste na abordagem da nossa entrega ao espírito, caso queiramos usufruir o melhor que a vida tem para nos oferecer.

Inserimos, a seguir, trechos do livro *Revelação da Luz e das Sombras*, de Luiz Gasparetto e Lúcio Morigi, para uma melhor compreensão, pois os termos *Luz* e *Sombra*, mencionados por Calunga, contêm significados específicos no contexto.

A Sombra é uma corrente de forças interiores espirituais que trabalham pelo inconsciente, pelo escuro, pelo não visto, por baixo, no processo de tornar real. Sem a presença da Sombra não há realidade, não há vida. A vida existe na Terra devido à Sombra. São dimensões do nosso Corpo que têm poderes extraordinários para regenerar, reconstituir, restaurar e criar. São os deuses de nosso Corpo, ou seja, os deuses estão em nós. Sombra é o Espírito Uno na matéria falando conosco.

Nosso aspecto Luz lida com a forma da estrutura. É a Luz que molda o que a Sombra precisa para haver a materialização. Diz respeito ao conhecimento espiritual, à sabedoria, a todos os sensos da Alma, tais como o bom senso, o senso da realidade, o senso de ética, o senso de estética, o senso de verdade, o senso vocacional, o senso social, o senso de amor, de compaixão. Tem a ver também com a inteligência racional, afetiva, artística, científica, com a intuição, com o discernimento, com os sentimentos, com o gostar, com a boa ideia, com a fé, com a contemplação, com a meditação, com a prece, com a praticidade, a objetividade, a simplicidade, a clareza.

Boa leitura.

Como a calma faz bem! É bom parar, se recolher e ficar um momento só com você, deixando o resto todo lá fora. Respirar lá dentro e ficar em paz.

Agora, em paz, pense e jogue a frase lá dentro:

Deus em mim é a certeza do bem.

Veja o efeito que dá. É só um teste da certeza do bem, do bom e do melhor, a certeza de algo bom. Veja se pega o sentimento da sensação de tudo bom. Está sentindo a sensação? Agora afirme isso:
"Esta sensação é Deus em mim".
Como você se sente? O que acontece quando começa a ficar assim? Confortável, não é?

Uma das coisas que aprendi na vida foi que, quando a verdade é a verdade *verdadeira*, a gente sente o bem. É porque estamos tocando em alguma coisa boa. Bem é uma coisa boa, é uma sensação boa, lá no interior.

Quando não é, é porque não é o bem. Nós vamos lidar com esse bem, a certeza do bem e, quando a gente tem aquela sensação da certeza do bem, aí... Isso é Deus em você.

Nesta calma interior, fica fácil perceber como a mente atormenta. Tem tanto monstro na sua mente que você se desconecta e não consegue entrar no espiritual. Vou ensiná-lo a pegar essa conexão e tirar o máximo de proveito dela. Mas você precisa sentir na pele, na carne. A teoria fica só na cabeça. Você precisa sentir as coisas.

As coisas têm que ser sentidas; do contrário, não é verdade.

Uai, não sentiu? Então não sabe, não viu o filme. Como é que você faz ideia? Tem que ver, tem que ter uma experiência física. Tem que assistir para saber como é que é. Se não sentiu, não tem prova, não experimentou. Como é que você sabe o gosto, não é verdade?

Geralmente, os assuntos espirituais são muito filosóficos, metafísicos e distantes. Por isso, serei o mais didático possível, sem ser superficial.

A palavra *certeza* lembra o quê em você? Como é a certeza do bem? Como você sente isso? Se pensar e refletir, a primeira coisa que vem à mente é conforto e segurança. Já pode perceber que lá do espiritual é que vêm o conforto e a segurança.

Segurança não é uma coisa que se estabelece com dinheiro, com propriedades, com muita gente em volta.

Segurança é o início da certeza do bem.

Sentir-se seguro é a certeza do bem. Ter a certeza do bem é um desafio.

Depois da segurança, vem a leveza, e, consequentemente, o peso sobre a cabeça já diminui. Provavelmente, o que estava pesando nela era a dúvida do bem. A dúvida do bem traz em si uma sensação pesada.

Você anda pesado? Está com dúvida do bem. Sem há dúvida, você começa a ter uma ideia melhor de como é o mundo espiritual. Compreendendo na prática e não na teoria. Já está sentindo. Você está sentindo? Então é prática. O que você sentiu? Sentiu que ficava sempre na dúvida? Ótimo. Você está percebendo uma coisa poderosa. Saiba que, quando você começa a ver onde estava perdendo todo o poder, já deu um grande passo. Você estava perdendo na dúvida. Que monstro que é a dúvida! O que é a dúvida? O que é o medo? A crença no mal. Olhe só aonde chegamos com esta conversa. Na crença. Que coisa tão poderosa que você tem!

A crença é o dom mais poderoso do ser humano. Falar em crença é falar em poder.

Quer ver que coisa incrível é o dom da crença? Recolha-se por um minuto. Fale assim: "Eu". Mas diga aí dentro, para sentir. O *Eu* é como chama a si mesmo. Você tem uma sensação de *Eu* concreto. Não tem como explicar. É uma sensação de *Eu*. Sinta o *Eu*.

Faça a experiência e diga: "*Eu*, creio que *você* é bom. *Você* é válido."

Fale e sinta como reage no corpo. Não pense. Apenas leia a frase e sinta. Se pensar, atrapalha.

Dá o quê? Alegria? Muito bem! O que mais? Sente-se mais forte? Beleza! O que mais? Poder? Perfeito. Mas não pode haver dúvida, porque não existe dúvida. O que existe é a crença no bem ou a descrença do bem. É crer ou não crer.

Se tem dúvida é porque não crê e, se não crê, é porque você se proibiu de sentir.

Quando você não crê em si, o si não existe para você. Se você crê nele, ele cresce, aparece, fica alegre, fica forte, ele existe e o faz sentir. Mas, se pegar o crer e falar não, o

Eu morre, desaparece, e você não sente mais nada. É um morto andando sem *Eu*. Mas a pessoa não tem *Eu?* Tem, claro que tem. Mas ela não crê. Daí, seu *Eu* é nada. *Eu* nada, *Eu* não, *Eu* nunca, *Eu* não me aceito, *Eu* não sou, *Eu* não existo... Olhe o seu poder! Pode fazer existir, pode matá-lo, pode passar a vida sem nada ou a vida com tudo. Se você crê, aquilo cresce, vive. Se não crê, aquilo morre, apaga. Se você se apagou, não sente nada. Faz e não sente. Está sempre dizendo: "Eu não creio, não creio no *Eu*, creio só nas coisas que ouvi, creio no Deus que me ensinaram, creio na minha mãe, creio no meu pai, creio nos outros, estou sempre trabalhando para todo mundo, sou muito bom para o mundo, mas aqui não, não creio".

Tudo na vida é uma questão de crer ou não crer.

Onde você põe a sua crença? Põe a favor do seu poder, ou põe contra? Você vai matá-lo ou vai fazê-lo crescer? Fique atento, estude para entender melhor.

Assim, quando diz: "Não creio", não quer dizer que não esteja dando poder. Está dando poder, obviamente, para o seu crer, mas na negatividade: "Eu creio no medo, Eu tenho medo".

Se tenho medo, é porque acredito nele, creio naquele pensamento ruim. Chega um momento que você se cansa daquele medo e se enche de coragem: "Não quero mais essa droga em mim, vou meter a cara porque acredito no bem. Acredito que vai dar; se não der, não tem importância. Eu sou forte, eu acredito numa coisa melhor para mim".

Dessa forma, você arrebenta tudo pelo que está sofrendo, pelo que está cansado, e joga toda a porcaria para o alto. Vai lá e enfrenta a situação. As coisas começam a dar certo, porque você readquiriu o poder e acreditou no bem.

Acreditou no bem? Então você deixou de crer no mal.

Medo é a crença no mal. Em dado momento, você resolveu não dar mais crença para ele. Acreditou em si porque estava cheio, sua raiva o fez botar força no bem e você foi para frente. Olhe como a raiva às vezes ajuda! Se é uma raiva contra o mal e uma crença para o bem, ela ajuda. Você tomou uma atitude, meteu a cara, deu tudo certo e acabou.

E o medo? "Ah, nem pensei. Fiquei tão louco que nem pensei no medo."

Não é assim que a gente faz? Sim, porque você não tem consciência do poder. Agora está tendo. A escolha é sua. "Ah, mas não aceito isso." Também é uma escolha sua. Se você aceita, você crê, se não aceita, não crê.

Será que você aceita você? Vamos até o *Eu* outra vez. Esse *Eu*, meu Deus do céu! Esse *Eu* que está aí, será que um dia vai viver, vai existir? Porque o *Eu*, se eu creio nele, eu vivo, se não creio, não vivo.

Muitas das suas crenças são manipuladas pelo mundo. Você não percebe que passa a crer ou descrer porque o mundo falou assim, assado, porque isso, porque aquilo. A gente perde muito a confiança na verdade.

Aprendemos a não crer em nós e, quando não cremos em nós, perdemos o poder. Assim, os outros podem nos dominar. É por isso que muitas pessoas nos educam a não crer em nós, para a gente não ter poder, não dar trabalho e obedecer.

Na espiritualidade, para ter o melhor da vida, temos que recuperar esse *Eu*. Vamos fazer os experimentos com esse *Eu* para ver como é que você se dá com Ele.

Como que é esse *Eu*? É uma coisa bem profunda. Não é isso que você está pensando, não. Pode esquecer esse aí. Não é o eu que eu quero, esse aí da cabeça que está sempre pensando. É aquele lá que sente, só sente, por isso que eu mando chamá-Lo.

Estamos acostumados com o eu daqui da cabeça, superficial. Não é com esse que quero falar. Quero falar com o *Eu* de dentro, o *Eu* espírito, o *Eu* alma, o *Eu* verdadeiro. Fale: "*Eu* sinto".

O *Eu* sinto começa a sentir, mesmo que esteja perdido no eu.

Vá experimentando. Continue:

"Até hoje não aceitei você, meu *Eu*, porque achei que tinha que ser diferente do que sou. Eu tinha que ser uma pessoa assim, assado. Mas, aqui com o Calunga, vou fazer a experiência, vou aceitar o que Você é e como é. Você é assim não foi porque escolhi. Você é assim porque Deus me fez assim. Estou pensando em ficar em paz com Deus. Então, vou começar a aceitar Deus em mim".

Não é mais aquilo lá fora. Agora é aqui dentro, percebe? Agora é o contato direto.

Não precisa ser santo para ter contato direto com Deus.

Aqui, todo mundo pode ter, pode fazer este contato. Isso é natural. Assim que você pensou, sentiu como Ele veio? Olhe, está vendo? Só de falar.

Puxa! É aqui no peito. Não é difícil, não. Só que, para aparecer, Ele precisa de atenção e crédito. Então, você vai dar atenção:

"Olhe, *Eu*, estou aqui olhando para Você, sentindo Você, prestando atenção. Agora vou Lhe dar crédito. Estou disposto a aceitar como Você é, do que Você gosta. Não tenho nada com isso. Do que Você não gosta, também não tenho nada a pensar. Vou parar de questionar para poder ter aceitação e sentir".

Você questiona muito, faz tudo o que sua cabeça quer. Está até perdendo cabelo de tanta tensão.

O *Eu* não é o que a cabeça pensa. Agora você está sentindo Ele, não está? É uma coisa que abre dentro do peito. É isso aí. Diga:

"*Eu*, o que Você sente, eu vou aceitar".

É só uma experiência, mas estou me dando esta oportunidade, não importa se é certo, se é errado, se é politicamente correto, se não é cristão, se é bom, se é mau. Não me interessa como o mundo vê. Estou aqui e vou só olhar para isso. Vou aceitar que o que é, é; o que não é, não é. O que sinto, sinto; o que não sinto, não sinto.

Isso é se achar. É para você se achar, para saber quem você é. A gente não sabe o que é. A gente não é o que acha, o que pensa que é. A gente é o que sente, é o sentir do *Eu*. É nisso que quero ajudar você a chegar.

"*Eu*, eu aceito Você."

Aí você faz assim:

"*Eu*, mostre-me o que Você não gosta na minha vida". Num minuto Ele mostra. Quer ver? Faça a experiência e preste atenção, que a resposta surge. Pergunte do que Ele gosta e do que Ele não gosta.

"Escute, meu *Eu*, do que Você gosta?"

Na hora, ele responde. Eu gosto disso, não gosto daquilo, estou cansado disso, não suporto aquilo.

É só sentir, entendeu? Não é para fazer nada a respeito.

"Estou aceitando, estou só escutando o meu Eu."

É só para você ter a experiência de escutar-se. É apenas para ter um referencial de quem você é, onde é que está o *Eu* verdadeiro, como é que funciona. Ele falou para você: "Estou cansado"? Agora faça uma experiência com Ele. Fale assim:

"Está bem, se Você não gosta, eu aceito. Não sei o que vou fazer ainda, mas eu aceito o que Você não gosta e também não vou insistir com Você em ser diferente. Não vou discutir, não vou brigar com Você, eu aceito".

Só aceite. Não tome nenhuma providência por enquanto, só para ver como é que Ele age no seu corpo quando você faz isso. Sinta como fica seu corpo. Tenso? Ele está mostrando: "Eu estou muito tenso. Tem muita coisa aí me apertando, muita cobrança".

Fale para Ele lá dentro:

"Olhe *Eu*, eu não vou cobrar mais de Você. Deixo Você ser louco como Você é. Não vou mais cobrar comportamento

Seu. Pode entrar de férias. Estou dando uma trégua, só para experimentar o que essa trégua representa para mim". Sei, meu filho, que você se cobra com boa intenção, mas será que é o bem? Será que está dando um resultado positivo? Tem coisa que a gente faz que resulta em bem, mas tem uma porção de coisas que a gente acha que é o bem, e só machuca, não é verdade? Então, solte-O. Solte. Aceite o que nós estamos fazendo. Você já pensou que aí dentro é o lugar onde você mora? Que lá fora é relativo, meu filho, e aqui dentro é tudo? Ah, é tudo. Será que está bem, tudo é bonito? Será que está ruim, tudo é feio? O que está fora passa, não é seu; você só usa e descarta. O de dentro é seu, é permanente; mora aí dentro. Então, fale aí dentro:

"Eu reconheço que eu moro aqui dentro e todo o resto é usufruto temporário".

Como é que você se sente quando faz isso? Que sensação lhe dá? Provavelmente, dá uma quentura, uma coisa boa. Começa a esquentar.

O que significa quando é quente? Quente é força vital que se expande. Quando é frio, é falta de vitalidade, é a morte. Frio é falta de vida. Quando esquenta, a reação interior está dizendo: "Vida, calor".

É o *Eu* que cresce, que diz: "Eu moro aqui".

Por isso o "aqui dentro" é o lugar que você deve cultivar. Qualquer felicidade, vida boa demais que eu quero que você tenha, eu tenho que falar do espaço interior, eu tenho que ver como você lida e usa sua força, o que está criando e o que pode melhorar. Assim, você fica bem e vai levando melhor as situações. Se amanhã acontecer alguma coisa, vai lidar melhor ou não vai ficar ruim, porque está se cuidando.

> Quem quer ter o melhor da vida
> cuida do espaço interior e dá
> atenção para o Eu.

Vamos fazer outro teste. Deste, é o que eu gosto mais. É assim: vá lá dentro, e diga:

"*Eu*, vou colocar Você em primeiro lugar. Não me interessa o sentimento dos outros, o gosto dos outros, o que penso dos outros, porque o que Você sente está em primeiro lugar. Você, meu *Eu*, está sendo valorizado por mim, porque estou pondo Você em primeiro lugar. O que Você sente é lei".

Como o seu corpo responde quando você diz assim: "*Eu* em primeiro lugar neste mundo?" Esse seu *Eu* em primeiro lugar neste mundo cria paz.

Veja bem, sem se colocar em primeiro lugar, você arruma tormento, guerra, conflito. Entenda seu psiquismo. Se coloco o meu sentir verdadeiro, o *Eu* em primeiro lugar, acabou o tormento, acabou a guerra, acabou a briga, está entendendo?

Se colocar outras coisas em primeiro lugar, não estará dando a devida confiança naquele *Eu* que sente, fica totalmente inseguro. Segurança é estar com aquela coisa ali, aquela coisa de crer naquilo e de pôr aquilo em primeiro lugar. Isso já é uma conquista.

Você não foi ensinado assim. Está conquistando aqui no planeta, não é verdade? Na cabeça, você pensa como foi ensinado, mas aqui no *Eu*, não, é espontâneo, porque é verdadeiro, vem do espírito da gente, do centro. Esse é o *Eu* verdadeiro. Isso é como Deus me fez. É o próprio Deus em mim.

Veja que esse *Eu* do centro muitas vezes gosta do que Ele gosta, e não gosta do que não gosta. Não adianta querer conversar. Não tem jeito de fazê-Lo gostar. A cabeça modula, não modula, isso é certo, isso não, mas Ele, não. O que é para Ele, é para Ele, e o que não é, não é. Não adianta você pôr na sua vida que só vai dar encrenca. Uai, mas o povo é que ensinou a gente: tem que ser assim, assado, tem que sentir isso, aquilo. Não é verdade?

Cada um é uma experiência divina, uma representação divina diferente, com razões diferentes e funções diferentes na natureza.

Portanto, não temos que sentir igual, e essa classificação está errada. Por isso aceito como sinto e sempre dou razão para o meu sentir. Meu sentir é assim.

Ah, mas você não gosta desse cão? Não gosto, não. Não tenho nada contra, mas não sinto nada, então não é para mim. Aí, olho para o outro cachorro: "Ai que lindo! Isso é para mim". Não é assim que é? Você quer levá-lo e faz sentido. O outro não tinha aquela conexão com o seu *Eu* verdadeiro. Como você pode ter um bicho de estimação se não tem uma conexão com o seu *Eu*? Não tem graça nenhuma. Então, não adianta. O outro cachorro também é lindo, também é filho de Deus, mas seu sentir diz que não é para você.

É como namorado. Você quer ter só porque as amigas têm. A outra pega qualquer um e sai por aí mostrando que também tem. Tem gente que até casa. Depois se arrepende porque não tem conexão.

A conexão é gosto, e gosto é uma coisa que gosta. Não é porque gosto que preciso ter.

O espírito não faz questão de ter.

É a cabeça que quer, já planeja tudo, faz roteiro, mas se o espírito quiser um roteiro diferente? Como você faz se o espírito quer uma coisa diferente? Eu sempre soltei porque aprendi a soltar. Porque o espírito sempre me leva para onde é melhor. Estava tão doido por aquela mulher! Mas aquela lá tinha muita ilusão. Aí, quando achei uma outra nega, ah, a outra funcionou bem melhor! Custou até para eu aceitar, porque a mente queria a primeira mulher, mas meu *Eu* gostou da outra nega, e ali tinha a medida certa para mim.

Nos fatos da nossa vivência é que apareceu a mão do espírito. Como era importante para mim, naquela hora da minha vida, aquela pessoa do meu lado! Aí, você descobre que o espírito enxerga mais longe. Nós, na cabeça, enxergamos pouquinho, não é? Temos aquela ilusão e tal. Lá dentro, não. A coisa é muito maior, porque somos grandiosos.

Deus mora em mim.

É preciso aprender que tudo isso é Deus em nós. Esse *Eu* que você fala lá no fundo é a expressão de Deus em nós. Deus mora em mim. Mora em tudo, mas o que interessa aqui é sagrar esse *Eu*. Colocar no lugar verdadeiro Dele. Nosso mundo nos ensinou a deprimi-Lo, renegá-Lo, enfraquecê-Lo. Nós queremos sagrá-Lo, elevá-Lo, fortalecê-Lo, dar-Lhe de volta o poder, libertar você, fazer você se sentir confortável em seu ser, a fim de parar de fazer força para melhorar e aceitar melhor sua natureza, trazendo a paz interior.

Se você não aceita a paz interior, vive na guerra, no conflito, no desconforto, com uma vida sem gosto nenhum. Você não aceita, não porque não quer, mas porque não aprendeu a aceitar. Então, você vai aprender comigo: o seu *Eu* verdadeiro não é perigoso.

"Ah, mas você não acha que isso é uma política egoísta, Calunga?"

Não. Você não entende bem o que é egoísmo. Egoísta é uma pessoa de visão curta que vê as coisas muito no imediato. Não enxerga as coisas na amplidão. Quando uma pessoa é egoísta, ela faz o bem só para ela. Não percebe que, ao fazer o bem social, aquilo volta para ela. Não tem a visão grande, não é verdade? Egoísmo é pequeno de visão. O que nós estamos fazendo não tem nada de egoísmo. Tem a ver com fazer o meu bem, assumir o espaço do meu *Eu* que é Dele. Este *Eu* tem muita coisa de que gosta. E muitas vezes Ele gosta de fazer coisas para os outros, não gosta? Gosta de fazer de verdade, com sentimento, não por dever.

O que se faz por dever não dá certo.

A moça chegou à sua casa e gostou de algo. Ah, pode levar para você. Você fez aquilo com desprendimento, com sentimento de dar para ela porque ela gostou. Isso é tão bom! Esse é o bem verdadeiro.

"Ai, tenho que fazer para a minha filha, coitada, senão vou sentir culpa." Esse não é o bem verdadeiro. Se não tem alma, não tem peito, não tem verdade, porque fez para a filha com medo da culpa, do monstro da moral.

Existe em todos nós um monstro na cabeça que nos oprime. Poucas pessoas resistem à opressão moral. Sentem culpa, punem-se porque não se comportaram como a moral mandava. Então, a pessoa é ruim, uma desclassificada e desconsiderada.

A gente teme essa desconsideração interior, mas esse é um monstro que precisamos acabar, senão ele domina nossa vida, trazendo muito sofrimento e muita dor.

Você acha que está aqui para ser feliz? Só acha ou sabe? Muita gente acha que tem de estar aqui para sofrer. Tem um monstro moral dentro dela que acha que não tem direito à felicidade, que ela tem que se abnegar e sofrer na abnegação. Tem que sofrer pela família, pelos necessitados, correr para todo mundo e viver para os outros, esquecendo o seu *Eu*. O nome disso é miséria espiritual ou pobreza de espírito.

Infelizmente, isso é tido como uma coisa boa.

O dom da vida é poder existir.

Quando não me dou o primeiro lugar, não me dou a mim o direito de existir que Deus me deu. Eu não existo. É a vida dos outros, é tudo dos outros, eu não existo e joguei fora o presente de Deus.

Eu não. Levo Deus em mim. Eu abandono aquele dramalhão de tudo pelos filhos, tudo pelos pais, tudo pelos outros que aniquilam o meu *Eu*. Você pensa que é fácil estar aqui reencarnado fazendo tudo isso para existir? Largar a própria vida para cuidar da vida dos outros?

Não quer dizer que o meu *Eu* não goste de cooperar, não goste de participar, não tenha uma ética, não tenha sentimentos de amor e não viva bem.

Quando o seu *Eu* não existe, a coisa fica triste.

O único dom que você tem é a vida.

O *Eu* é vida. Como você pode viver sem vida? O que você é? É uma alma penada, reencarnada fingindo de zumbi? É um zumbi no mundo que não tem alma, andando de corpo para cima e para baixo, trabalhando, pegando condução, mexendo no computador, parecendo que está vivo? Você não é uma alma penada.

É verdade, minha gente. Agindo assim, a vida é desprezada, e nós não percebemos. Achamos que estamos certos quando agimos assim. Mas, que certo é este que não dá bons resultados? O dia passa, a vida passa, e você aí na miséria. Vai ter o quê? Doenças. Doença é o resultado da negação da sua natureza.

A natureza se mostra nessa negação por meio dos conflitos. E os conflitos, fisicamente, são as doenças físicas, emocionais e mentais, que proporcionam uma vida sem riqueza e sem beleza, o que também é uma doença.

Se você visitasse o mundo espiritual, onde existem mais pessoas conscientes deste *Eu*, conscientes de si, conscientes da espiritualidade mais avançada, na consciência, veria só beleza. É só luxo e beleza, é só saúde, arte e abundância. Não tem ninguém lá vivendo com pouco, não. Porque nossa alma é grandiosa. Quanto mais você entrar nela, mais grandiosa e magnífica ela fica.

A beleza é um dom de Deus.

E a feiura? Uma praga! É do umbral. Mas não é a feiura física, porque isso é secundário e relativo. Feiura física é questão de gosto. O que é feio para um é bonito para outro. Falo de feiura no sentido de deformidade, dor, sofrimento, miséria, falta, doença.

Eu gosto do que gosto; do que não gosto não gosto. Com isso, estou pervertendo a moral humana, mas levando você de volta à verdade do espírito. O monstro da moral não vai gostar do que estou fazendo. Vai desconfiar de mim, vai pôr medo. Quer ver? Faça assim para ver como o monstro aparece:

"Eu só vou fazer o que eu gosto. Só o que eu sinto que gosto eu vou fazer".

Repare como o medo se apressa a oprimi-lo:

"O que você vai fazer? Você está louco? Onde já se viu fazer só o que gosta?"

O medo vem com peso, oprimindo, não é?

Isso não pode ser evolução, não pode ser o bem. Se oprime, se machuca, é a moral contra a natureza, e não a coisa a favor, que liberta, que ensina, que amplia, que faz ficarmos maiores, mais bonitos. É uma coisa mesquinha, pequena, que nega sua grandiosidade.

Por isso digo que o *"Eu creio"* não é o *"Eu sinto"*. Eu não creio em mais nada, não. Fale outra vez para ver se o monstro está aí:

Só vou fazer o que eu gosto.

Você é esquisito assim mesmo, diferente, não se sente diferente? Quem é que não é diferente aqui nesta terra? Todo mundo é. Vamos parar com isso de achar que é só você. Você não gosta das mesmas coisas, das mesmas pessoas, não é verdade? Tudo bem, entre na paz com você: "Eu não sou quem minha moral queria, mas eu vou aceitar que sou assim mesmo. Vou me dar um crédito".
O maior presente que você pode dar para si é o crédito. Vou dar um crédito para mim hoje e não me interessa a opressão moral, nem a que está na minha cabeça, nem a que os outros fazem.

Eu estou aqui. Eu creio em mim. Deus é a certeza do bem em mim.

O meu sentir é o bem, o gostar é o bem; o bem são os prazeres e as sensações maravilhosas em mim. Eu nasci para viver essa maravilha interior, porque, se foi feito assim, se Deus já fez assim, não foi nem escolha minha e foi assim que veio, é porque Ele quer assim e, se Ele quer assim, é para eu viver no bem. Eu é que entrei numas coisas aí enganado e comecei a criar problemas. Mas estou desenganando.

Eu mereço viver bem, viver o melhor da vida, e eu vou viver esse melhor da vida porque eu nasci para o melhor da vida.

Deus em mim é a certeza do bem.

Eu sou do bem. O que sinto é o bem, e eu não duvido. Não aceito mais a dúvida, só a certeza. A certeza é uma força boa que vai mudar tudo! Eu sou o vaso escolhido, sou aquela parte divina que está aqui para ser isso mesmo, porque meu *Eu* aqui é meu Deus. Você, lá no seu *Eu*, é assim mesmo. Eu aceito que não vou melhorar. O que vocês chamam de melhorar é mudar para ficar conforme o monstro interior. Quer ver? Não precisa pensar se é certo ou não, se aceita ou não. Só fala e joga lá dentro. Vamos ver o que acontece quando você joga isso lá: "Deus são as carnes em mim. Deus é matéria. Deus é matéria".

Não pense. Afirme primeiro, senão o fantasma, o monstro interior, vem negar tudo. Não permita. Vá para a experiência. Não vai matar ninguém, é só uma experiência. "Deus é matéria em minha carne e músculos. Deus é músculo. Eu reconheço Deus na carne. Carne que está viva. Essa carne viva é Deus aqui, no corpo. Deus, matéria viva."

— Como você sente no corpo quando fala isso? Fica tonta? Completamente vazia?

— Ah, eu sinto meu corpo.

— Como ele está? Eu já sei, ok. Diga assim para seu corpo:

"Eu aceito que você está magoado, muito magoado, desde pequeno".

— Aí começou a soltar, não é? Percebe como ele mexe com sua respiração? Percebe como ele começa a soltar, a aliviar?

"Eu estou muito magoado", ele quer mostrar. São experiências que a gente viveu, cortando nosso Eu. Cortaram a vida e nos magoaram muito. Mágoa é um negócio sério. — Quando você faz assim, como é que sente? O que ele faz no seu peito? Olhe, está vendo como ele solta o peito? Muitas vezes, para fugir da mágoa, da revolta, a gente corta tudo, não sente mais nada, porque não queremos aceitar certas coisas negativas que estão lá dentro, entendeu? Aceitar o ódio, aceitar uma decepção muito grande, uma mágoa muito grande, então a gente se congela, não sente mais. É uma defesa, mas, se eu aceitar que eu estou assim, já começa a amolecer, entendeu? Já começa a soltar do peito. Já soltou que eu vi. Não esconda que eu sei. Se você resolver aceitar que sente o que sente, por pior que seja, começa a se dar um jeito. Em vez de fugir, eu começo a sentir de novo, entendeu?

— E você? Como sente as carnes? Deus nas carnes?

— Vibrando.

— Isso. É a primeira coisa que vai sentir quando movimenta a energia.

Deus é energia, Deus é matéria.

Eu quero quebrar o preconceito de vocês de que Deus é uma coisa etérea, e não é matéria. A ideia que vocês têm é de uma coisa abstrata, não é?

Agora vamos mudar isso. O poder espiritual da vida está aqui no meu corpo. A vida está no corpo, está tudo aqui. Eu quero sentir contato direto.

Pare com filosofia, pare com metafísica. Eu quero sentir o contato direto, para meu Eu ser real. A pior coisa do homem foi negar isso, e nós estamos desnegando. Existe essa palavra, certo? Então, está bom. O importante é comunicar, falar.

A aceitação, por exemplo, você falou: "Estou com raiva, estou magoado", o fato de reconhecer isso já dissolve?

Depende. Muitas vezes, quando você diz: "Estou magoado", pode dissolver a tensão de oprimir, a tensão de não sentir e relaxa, mas a mágoa ainda está lá. É preciso entender o que é essa mágoa.

Para poder dissolver, quando você aceita, está dando à sua consciência o direito de olhar para aquilo, então aquilo aparece e aí, conforme aparece, você pode ter uma releitura do que aconteceu, não é verdade? Você pode trabalhar, pode lidar com aquilo melhor em vez de deixar lá dentro. Então, você está cuidando de si, cultivando seu mundo interior e não acumulando pedra e dor lá dentro, como essa daqui. Porque ela vai ficando gorda, entendeu? Então, você está magoada e sabe com o quê.

Reconhecer que tem mágoa não é problema nenhum. É só uma situação interior de alguma coisa que aconteceu. A mágoa vem da nossa ilusão. Nós fazemos muita ilusão, depois percebemos que é ilusão e pagamos o preço da desilusão.

Como é que se cura a mágoa? "Ai, como eu estava iludido!" Aceite a ilusão. Se você tem uma mágoa, vá lá pegá-la. É claro que tem. Estou vendo daqui. Olhe, pegue uma mágoa que a gente dissolve e mostra como é que faz.

Pegue qualquer uma. Aquela que você tem com o chefe. O chefe sempre recebe mágoa, não é verdade? Ou com a mãe, com o pai. Você tem muitas. Pegue uma mágoa qualquer. Quer ver como é fácil dissolver? Pegue a piorzinha, já aproveite para passar aqui no teste. Pegue a piorzinha, aquela do seu pai não ligar para você, de não acreditar em você, e você ficar muito bravo.

Eu queria o quê? É um sonho o que eu queria que meu pai fosse. A gente sonha, não é verdade? Podia ser bom se a gente tivesse fé no bem, mas a gente não tem, então, não realiza, daí sofre. Confesse: "Eu me iludi. Naquele caso eu estava iludido, estava de bobeira, como se fala, não estava com o pé no chão, não estava lidando com a verdade, não estava lidando com o meu pai como ele é. Eu estava fantasiando o que eu queria".

Agora, fale isso: "Está certo, Calunga. Concordo que naquela situação eu fantasiei, não lidei com a realidade, foi bobeira minha". O que acontece com a mágoa? Ah, some, não é? Você assume, ou você é difícil de assumir, tem muito orgulho? É claro! Se feriu, é porque tinha muita ilusão. Então, aceite que era uma ilusão. "Ah, eu queria tanto que ela me amasse..." Inventou. Você nem é o tipo dela. Nem foi lá saber como que é para depois querer, não é verdade? Não foi devagarzinho. Esperta ela, vai devagarzinho para ver se é, só depois se compromete, não é, nega? Mas, não. Você se comprometeu sem conhecer, fez sonho, depois a outra não ligou, aí se magoou.

Primeiro veja quem é a pessoa, o que a pessoa sentiu por você, não é normal? Você ficou esperta depois, não foi? Pelo amor de Deus, não tenha ilusão! Vá devagar, porque as coisas vão se mostrando, aí a gente vai acreditando. Agora, assim, na ilusão? Depois culpa o outro, culpa a vida? Não foi você que se iludiu?

Toda mágoa é uma ilusão
que é descoberta.

Você faz ilusão: "Ai porque é minha mãe, ela não podia fazer isso comigo". Claro que fez. O bife, ela deu para o seu irmão maior, ela gosta mais dele, ela acha que homem precisa comer mais carne. Mas mãe devia tratar todo mundo igual? Isso é sua ilusão. Ela é ela. Seu irmão é mais gostoso que você, ela gosta mais dele. Você vai com o pai. A vida é assim, ué!

Na realidade, não quer dizer que a mãe não goste de você. Quer dizer, simplesmente, que ela prefere seu irmão, mas você não aceita, não é? Você queria ser a preferida, sempre na ilusão, não é? Você nem é preferida sua, como é que vai ser dos outros?

Então, pare. Primeiro resolva seu caso com você. Resolva seu carma, depois as coisas vão por si. Vai nascer melhor em outra família, onde vai ser a preferida, está bem? Mas você tem que começar agora:

Eu confio em mim. Eu acredito em mim. Eu dou atenção a mim. Eu valido a mim. Este mim é Deus em mim. Eu confio na certeza do bem. Eu sou bom. Eu sou certo. Eu sou positivo.

O *Eu* tem que ser positivado agora, minha gente. Temos que mudar o seu padrão, temos que mudar seu polo magnético. Você tem que atrair o melhor da vida para você. Se não mudar esse polo magnético hoje, não vai atrair coisa boa na semana. Tem que ficar positivo. Tem que mudar essas ideias.

"Ai, mas o Gasparetto fala que não *tem que*." Mas comigo *tem que*. Eu não sou o Gasparetto. Ele fala o que ele quer, e eu falo o que eu quero, entendeu?

Tem que sair positiva, crendo mais no Eu e não nas fantasias que aprendeu. Tenho que crer naquilo que tenho em mim de verdade. Como a gente aprende a crer em fantasia! Não é? Em papai do céu! No céu nada! Está bem aqui na carne. É o papai da carne.

Na verdade, quando você fala Deus, uma palavra genérica, está falando fonte da vida, não é verdade?

> Deus é fonte da vida, então a vida está em mim.

Quando você fala, está nas carnes, vem toda a força da vida na carne.

Aprendemos a distanciar e ver a matéria como algo ruim. Se é ruim, por que estamos aqui? Por que esse trabalhão de viver na matéria? E depois de mortos continuamos com o corpo de carne, porque o perispírito, o corpo astral, que eu tenho, também é carne. Não é o mesmo nível da matéria, mas é matéria, é denso, é carne. Coça, cheira, tudo que vocês têm aí. Faz as necessidades, tudo. Claro que você vai continuar indo ao banheiro depois de morrer! Senão o seu intestino se fecha. Como é que você vai reencarnar sem ele? Vai viver como? Vocês não pensam, não é, que têm que voltar aí? Se mudar toda a estrutura, como é que vão poder viver na matéria depois? Não pode. Tem que continuar tudo para quem vai voltar.

Se por acaso você for para outro lugar, então precisa se adaptar a outro lugar. Vai viver lá com as condições do outro lugar. Tudo bem, pode mudar muito, mas enquanto estamos aqui neste ciclo, nestas coisas, elas têm que continuar assim, não é? Se algum órgão parar de funcionar, como é que você vai fazer na próxima encarnação? E se as glândulas pararem de funcionar?

A matéria é só uma cópia, até imperfeita, do nosso corpo espiritual, do nosso corpo astral. Nós chamamos períspirito, que é o corpo de verdade. Você é só um invólucro, uma capinha que sai.

Quando você está sentindo sensação, é do perispírito. É ele que tem sensações. A matéria não tem sensações. Mas eu gosto de dizer: "Deus está na carne". Ponha na carne. Você vai sentir a vida que vem.

— Quem sentiu dor? Você sentiu dor quando falou Deus na carne? Deu uma sensação ruim?

— Deus na carne, eu senti assim, um nervoso, uma agonia.

— Isso. Agora você faz assim: "Você é o monstro moral que me oprime". Está nas costas, não? Está vendo? Você fala para ele: "Olhe, eu não acredito mais em você. Não tenho mais medo de você e não aceito mais opressão. Ninguém vai me oprimir, me diminuir, me tirar de mim e da minha verdade, porque eu tenho minha espiritualidade e não vou aceitar a de você, não, porque vem do meu pai". Fale: "Pai, não vou aceitar você. Pode ser um homem bom para mim, agradeço, mas não vou ser você. Sua espiritualidade é a sua, a minha é a minha".

— Como sente no corpo?

— Agora soltando, assim. Quando você disse para sentir e me pôr em primeiro lugar, eu me senti grande assim, com quase três metros.

— Sem essa coisa moral, você cresce, fica livre, fica leve. Então, você sabe que tem um inimigo dentro de si, que vai enfrentá-lo várias vezes, e você vai ter que derrotá-lo, até ele ir embora. Todas essas ideias tiram você da sua espiritualidade, entendeu? Tiram também sua força, sua alegria de viver aí dentro, de ser você e de viver bem na vida.

Muita porcaria entrou na gente, disfarçada de bem, mas também entrou muita coisa boa. O que é bom, a gente aceitou, digeriu. Aí não há conflitos. Mas o ruim fica atrapalhando pelo caminho. Então, é preciso expelir. Uai! Tudo é digestão, não é, minha gente? Precisamos eliminar os detritos da influência, não é?

Você vai ver que todas as suas coisas vão começar a dar certo, porque sua força espiritual vai agindo. Não tem que se matar, não. Vá fazendo as coisas e tal, ocupe-se. Se está indo bem, você está no bem. Você é um polo positivo, uai! Só pode gerar coisas boas.

Não precisa lutar como você luta. Menos, porque a gente faz as coisas, mas quer ver resultado, não é? Mas quando é que dá resultado? Não é porque faz que dá resultado. É quando você está fortalecido espiritualmente. Você está naquele bem, sua crença é uma crença no bem em si, aí tudo vai.

Quando é que vai mal? Quando você crê nele. Quando o mal acontece, o que se passa é o seguinte: vocês vão acreditando tanto no mal, descrentes do bem, que o mal começa a tomar força, começa a acontecer. Então você diz: "Está vendo? Ele é real, ele é forte". Vamos ficando ali naquela coisa e não percebemos que fomos nós que cremos. É a mesma força para criar o bem. Vocês se acostumaram tanto que não imaginam que o bem é possível. Você gostaria de não crer? É diferente. Você duvida do bem. Você duvida do bem mais do que crê no mal. No mal, você crê que é possível, já no bem não tem muita confiança. Você fala, mas falar não é crer. Assim, diz que crê, mas toma uma porção de precauções. Estou dizendo crer no bem, no bem que está em si, não na mente.

Dê o poder para você. Não o anule, não se anule.

Na verdade, você tem sido mais capaz do que incapaz. É mais capaz se parar com a insegurança, porque isso é uma insegurança. Se eu disser: "Não, eu não tenho mais insegurança", eu sinto mais Eu. Você crê no mal, é? Não, eu só creio no bem. Deus é a crença do bem em si. É a certeza do bem em mim. Meu ser é bom, tudo o que eu sinto é certo.

Não, você não vai ficar bom. Quem está querendo ficar bom é porque não é. Então, vai ser falso. Eu não estou falando isso. Estou falando que já é bom, que já sente, que já está. Porque você aprendeu a dizer que é errada, não é? "Ah, sou errada de sentir assim." Não é. Você é certa de sentir como sente. Vamos lá dentro:

"Eu aceito sentir o que sinto. Eu aceito, porque eu sou o que sinto. Quando não sinto, não sou. Eu aceito e não discuto. Não vou pensar mais. Sei que vim nesta vida por uma coisa muito grande e vou fazer".

Vá confiando que o Eu leva você até lá. Não faça força. O que é grande para você, não sei se é grande para o mundo.

Não sei se é grande para os outros. Vai ser para você que é o que basta. Se for para os outros, também, que bom! Você só escolheu acreditar no não, mas pode acreditar no sim na hora que quiser. Se escolheu acreditar no outro, é uma escolha. Quando digo aceito acreditar no outro, também estou dizendo que aceito não acreditar em mim. Está implícito.

Quando você estiver bem consciente de si mesma, totalmente independente dessa criatura, se deixá-la sair da sua aura, aí ela vai achar você linda. Veja como você está bem. Você não melhorou. Continua a mesma, só tirou a fantasia que não era você.

É que a energia mudou, sua sintonia mudou, sua posição espiritual mudou e sua crença usou melhor a seu favor, não é verdade? Usou sua crença a seu favor e não deixou o povo jogar esse monte de ideias na sua cabeça para se sentir complexada, errada, culpada, todo esse monstro moral.

Santifique você. Santificar é reconhecer a perfeição em si.

Fale assim: "Não quero você aqui, seu monstro. Você é a reprovação em mim, materializada em forma de pessoa, mas não aceito nenhuma reprovação. Eu sou ótima e sinto do jeito que sinto".

— Qual é a sensação que você tem quando faz isso?

— Sinto que eu me aproprio do meu poder que deixei.

— Isso que é bom: apropriar-se do seu poder; não pode deixá-lo nas mãos dos outros. Eles não vão usar bem. A responsabilidade é sua. Se os outros vão usar mal, você é que paga, viu?

Olhe, lá em cima, na gerência, não tem reclamação, não tem caixa de sugestão. Deus não recebe nenhuma. Você chega ao balcão de reclamações e só encontra um sinal. Só tem um cartaz escrito assim: "Tu o fizeste", e vai embora. Deus simplificou o atendimento. Agora Ele está na internet. Vai procurar no Google.

Será que você aceitará exatamente como sente? Aceitará desafiar o monstro da moral que está em sua cabeça?

Tudo é experiência. Eu acho interessante isso porque uma experiência fala mais, não é? "Puxa, como me senti bem!" É o resultado prático, e o resultado convence mais que palavras, não é? Não é assim que a ciência trabalha? Como tenho formas opressoras e não sabia! Quantas vezes achei que estava agindo no bem e fiz um mal para mim!

— Está mais calma? Não está revoltada? Ainda? Se eu te pegar de jeito, vai chorar três dias de ódio, de tudo que aconteceu.

E a desilusão, conseguiu jogar fora? Aquela grande decepção da sua vida? Você não está com nenhuma aí, não, está? Estou sentindo que não. Tem muita gente aqui que está limpinha, não tem mais nada, não é? Não?

— Você ainda tem crédito. Depois a gente conversa.

Mas tem gente que está bem, já foi fazendo e conseguiu resolver. Pelo menos as cargas não vão carregar.

— Como você sente sabendo que Deus está nas carnes?

— Liberta.

— Isso que é importante. Quando o corpo machuca, é para chamar você para carne. Deus dá a carne para você entrar. Quando entra, você pode encontrar inimigos dentro que terá que resolver. São pessoas que você tem ligadas, cujas influências estão tirando você do seu Eu. Alguma coisa está acontecendo aqui, e a força espiritual que está em você, que chamo de Deus na carne, quer libertá-la.

Então, vamos fazer uma coisa. Use as frases a seguir, várias vezes, para perceber o que sente e o que acontece. São frases de cura e de renovação que poderão ajudá-los a criar um mundo interior como vocês merecem.

Neste momento eu quero que sinta uma coisa: que *você é o vaso escolhido*. Vamos lá:

Eu estou aberto para receber nada menos que o melhor da vida.

O melhor é o divino, o resto não. Tem interferências da ignorância.

Eu sou um ser criado no aspecto divino em forma de gente. Sou depositário da herança de um bem muito grande. Sou a casa onde Deus mora, nas minhas carnes, no meu ser, no meu Eu mesmo. Sou para o melhor. Como Deus é dono de tudo, então eu sou para o melhor, por isso que minha certeza do bem desse melhor é o bem.

Bem melhor é Deus em mim. Quanto mais tenho certeza no melhor para mim, mais tenho a presença espiritual em mim, mais eu sou eu, mais eu sou a grandeza, o sucesso, o poder e a beleza. Ele se manifesta em minha vida, se manifesta em mim, me inspirando a ter pensamentos incríveis, visões incríveis na minha vida pessoal, na minha vida profissional, me inspirando a ter sensações importantes, a realizar as obras que eu tenho vontade de realizar, viver com grandeza interior, me libertar da pequenez do preconceito e passar por um novo estágio.

Repita dentro de você:

Deus em mim é a certeza do bem.

Cada vez que repetir essa frase, você vai lembrar que está assumindo a herança e que você é o vaso escolhido.

Tanta gente que, movida por conceitos e preconceitos espirituais, foi levada a acreditar que não tem merecimento, que não tem isso, que não tem aquilo. Isso inferioriza a pessoa e, ao se inferiorizar, ela se liga no pior e sofre muito na vida. Elevar-se é ter um outro pensamento da natureza espiritual da gente. É o pensamento de que, como Deus mora em mim, eu sou uma coisa especial, grande, bonita, boa, para o bem, e mereço o melhor.

Eu não aceito menos que o melhor.

Ah! Saia dessa falsa modéstia, dessa depressão. Para Deus isso não é o melhor. Ele é o dono de tudo, então, por que vai aceitar menos? Eu sei que desafia seus preconceitos, mas tente experimentar isso, pois é experimentando que a gente pode descobrir como é que são as coisas.

Eu em mim. Sei que moro aqui e estou aqui para o melhor.

Esse melhor é aquele melhor em mim, como o bem é o bem em mim. Não sou igual a ninguém, nem quero ser.

"Eu me valido e me consagro agora."

Eu tenho a certeza do bem em mim e na minha vida.

Esse monstro negativo não me pega mais, porque não acredito nessas besteiras. Não acredito no medo. Não acredito na insegurança. Não acredito na dúvida. Só acredito na certeza do bem.

Nesta faixa em que estou, no meu espírito, na minha conexão em que vou fazer todo esse trabalho de reformulação, pouco a pouco, vou construindo uma força enorme, vou recuperar-me, recuperar minhas forças, fazê-las crescer e vou produzir, em breve, situações magníficas na minha existência, no meu sabor de vida.

Eu, em primeiro lugar.

Deus em mim é a certeza do bem.

Percebe como esta declaração o deixa mais forte? Ajuda a sentir mais a força espiritual diante das coisas do dia a dia, não é? A gente acende aquele fogo de força na gente para tudo que fazemos. Então, enfrentamos as coisas melhor, não é isso?

A gente encontra mais leveza, mais paz, mais equilíbrio, não sofre tanto, porque nós temos nossas necessidades, e muito dessas necessidades é o usufruto dessas energias que nos ajudam, não é verdade?

Estou ensinando você a fazer declarações.

Declarar é muito mais forte que rezar.

Muito mais forte e mais poderoso do que ficar se dirigindo para algo que está fora. Você percebe que é o poder que põe no corpo. É Deus na minha carne, não é isso?

Então, fica uma coisa mais real, mais sentida. É aí que você faz contato. Assim, começa a funcionar na sua realidade. A declaração é um método superimportante. A gente usa muito aqui onde estou.

Às pessoas que chegam daí com problemas, ensinamos a fazer declarações para melhorar, porque precisam ter uma força muito grande. Então, elas se levantam, superam tudo, pois dentro de nós existe a possibilidade de trabalhos extraordinários. Estou falando de Deus na carne, como esse lado que chamamos de Sombra, que é mais do que o inconsciente. É o lado da energia que cuida do mundo energético.

O universo, principalmente os seres, é feito de duas coisas: inteligência e energia. As duas juntas resultam em nós.

Veja o lado energia, o lado que a gente chama de Sombra, matéria que se organiza, que tem toda uma configuração, e o lado inteligência, dotado de vários dons, que chamamos de Luz. Um dos aspectos da inteligência é a alma, que é o guia da gente. Muito bem! O que nós fazemos com a declaração é trazer Luz para a nossa Sombra, para esse mecanismo que realiza.

A Sombra realiza tudo no mundo da gente. Ela fez o corpo, a vida e vai fazer a morte. Quando vocês vierem para cá, vão andar com o corpo astral, que é tão sólido como o físico. Vão continuar cuidando disso.

Aqui a gente mora, a gente vive, cada um numa situação, mas de tudo a Sombra vai continuar cuidando. Cuidando da estrutura da gente, que nos mantém íntegros e do ambiente. Ela cuida do ambiente daqui como cuida do ambiente daí. Tudo que acontece na sua vida, tudo que vem, todas as pessoas que atrai, tudo que vai acontecendo tem a ver com ela. Mas ela vai fazendo as coisas mediante aquilo que você coloca em você. É Deus na carne, o lado divino. Porém, Ele está submisso a você, porque, na verdade, Ele é o realizador, mas não discerne. Quem discerne é você, a parte do eu consciente que toma decisão, que vê o que é certo e o que é errado. A alma ajuda a discernir, mas é você que toma as decisões finais. Tomando as decisões, elas são acatadas por esse sistema que vai gerando as circunstâncias na gente, sejam interiores, como a saúde, sejam as coisas de fora, como a prosperidade.

Quando eu digo paz aqui dentro da carne, paz, que é uma palavra, a Sombra imediatamente entende e produz a sensação de paz, não é isso? Então, essa parte que produz, que faz, é o que eu chamo de Sombra, mas é o Deus na carne, porque é uma força espiritual.

Nós temos que mudar a ideia de Deus. Matéria é Deus. A cultura ocidental dividiu Deus com as coisas da matéria que é imunda. Não, a matéria é Deus, tudo é Deus. Tudo que é material, energético, é esse aspecto de Deus em nós que chamamos de Sombra. É poderosíssima, mas está subjugada a você.

Percebeu que você falou paz, ela fez paz? Ai, meu Deus! Será que tem algum problema lá? Pronto! Já começou a dar angústia ou ansiedade, não é verdade?

Ela vai respondendo conforme você comanda na cabeça, agilizando conforme você agilizar na cabeça. Perceba que o que eu pedi para jogar no corpo, você joga no corpo. Tem que ser uma coisa que vai no corpo. Só pensamento na cabeça, a Sombra não liga, mas, se jogar o pensamento no corpo, ela reage. De acordo com o pensamento, ela reage criando sensações.

O pensamento que você bota no corpo, jogado com emoção, com certa força, chega uma hora que gruda nela. Quando gruda na Sombra, dá uma sensação engraçada. Você chama de convicção. Estando convicto, a partir daí, a Sombra vai usar esse pensamento para decidir seu futuro, o que vai acontecer, como é que vai acontecer, o que vai ser e como é que vai ser. Ela vai tomando suas ordens porque você insistiu com aquilo. Você pôs aquilo, ela acatou, é uma ordem e agora terá que ser assim.

Dessa forma, ela vai criando seu mundo, porque ela domina o ambiente social, físico, econômico, as circunstâncias que ela vai formando, as oportunidades, ou não, enfim, tudo que você está passando na vida.

Se você tem uma doença, é a Sombra seguindo suas ordens. Se você alcança alguma graça, é a mesma coisa. Tudo, na verdade, está conectado com nossa situação. Ora, essas ordens, esses comandos, cada um faz do jeito que entende, não é? Depende de quanta luz você tem. Luz aqui é lucidez, inteligência, esperteza. Se você é meio bobo, vai materializar umas coisas meio ruins. Se você é mais inteligente, vai fazer coisas melhores, vai ter um resultado melhor. Ninguém é igual e tem áreas em que você é mais esperto. Então, tem hora que você não faz tão bem-feito. Quando começo a dizer: "Tem Deus em mim", quando eu começo a fazer declarações, começo a ativar a crença, a Sombra vai acatando, e eu vou me divinizando, ou seja, cada vez mais tomando consciência do meu poder espiritual, atraindo bênçãos.

Há muitas ideias que aprendemos no mundo que são muito boas.

Tem muita coisa linda no mundo, gente! Mas têm outras que são uma porcaria. O pior é que nós vamos ter que tratar delas. O pior dessas ideias é que elas parecem que são boas, parecem o bem, mas, quando a Sombra as pega e bota em prática, o resultado... Ai, meu Deus! A coisa é feia.

Você quer ver uma coisa? Aprendemos desde criança, ou até em outras vidas, porque isso está há muitos séculos aqui, que, se as pessoas têm um problema, têm que ser ajudadas, porque elas estão sofrendo, coitadas. A gente precisa correr, socorrer, e isso é uma coisa boa porque é algo que pode ser humano, não é? Se for de coração, sim, mas a gente nem sempre está ligando para o coração, não é verdade? A gente vai fazer isso porque aprendeu que precisa fazer.

Do mesmo jeito, chega sua amiga e pergunta: "Você não vai lá, à minha festa?" Você não está com vontade de ir. Quer ir para casa, ver televisão, tomar um banho, descansar um pouco, mas é uma pessoa muito amiga, então você diz assim: "Eu vou ter que ir a essa festa. Eu não posso deixar de ir, senão ela vai ficar muito chateada, muito magoada, vai pegar mal".

E se você disser: "Não, eu não vou porque não estou com vontade". Aí vem a mente que aprendeu diferente e fala: "O que custa? Coitada, o sentimento dela é muito importante". Então você cede e resolve: "Está bem, eu vou, porque, se eu não for, essa coisa na minha cabeça vai dizer que sou culpada, que sou ruim". Eu não quero, mas vou por desencargo de consciência. Todo mundo vai dizer: "Que pessoa boa, que pessoa conscienciosa com os amigos". Todos vão aplaudir. Uma pessoa maravilhosa, muito boa, que tem muita consideração com os amigos. Quem não aplaude? Muito bem. A Sombra escutou tudinho. Como você foi, forçou-se a ir, ela entendeu que é bom forçar, é bom forçar pelo bem dos outros. O bem dos outros é importante. O sofrimento dos outros é muito importante. Não podemos deixar os outros sofrerem. Foi assim que a Sombra entendeu. Você tem que cuidar muito dos sentimentos dos outros. Os outros são importantes. Ela aprendeu que os outros estão em primeiro lugar. Ela aprendeu assim.

Não estou dizendo que é bom, mas ela aprendeu assim. Aí, quando chega a sua vez, que você quer uma coisa, que precisa de alguma coisa: "Ah, queria tanto isso!", a Sombra vai fazer para o outro. Uai, ela está fazendo o que aprendeu, o que você ensinou. Está seguindo suas ordens.

Meu Deus! Eu faço as coisas para os outros e dá tudo certo. Faço para mim e não dá. Depois você vai ver que, quando foi fazer para os outros, se deixou porque não estava com vontade. Ou seja, não respeitou seu sentimento, não é? Você ficou na vaidade, com medo. Queria fazer bonito para os outros, ser aplaudido e não se respeitou. Então sua Sombra aprendeu. Ela aprendeu a não respeitar seus sentimentos.

A sua Sombra só faz o que aprendeu de você.

Quando alguém quer lhe dizer uma porção de coisas na cara, falar uma porção de besteiras, tratar você desse ou daquele jeito, sua Sombra de proteção reage assim: "Ah, eu não vou trabalhar, não vou fazer nada por ele. Não vou evitar porque na verdade ele não liga". Um comenta, outro critica, pondo o dedo na sua cara, é assim. O povo vem e descarrega em você mesmo. Ninguém dá valor para o que você sente, não dá valor para seu esforço.

O povo trata você assim porque, na verdade, a Sombra do outro, quando chega perto de você, vem correndo e se comunica com a sua: "Olha, não liga para ele, não. Ele não é nada, o sentimento dele não é nada, ele não se dá valor". Então, o outro chega perto, sem saber de nada, e daí a pouco começa a sentir como você é chato, sem graça. Ele, por educação, não diz nada, mas está sentindo. De onde vem isso? Da Sombra dele que também aprendeu assim.

Você já sentiu isso com certas pessoas, não sentiu? Do nada você começa a sentir algo incômodo. Se você ficar esperto, vai perceber que a pessoa tem isso, tem aquilo dentro dela.

Ao agir dessa maneira, não se valorizando, acha que está fazendo o bem. Não percebe que é vaidade. Aí, como você não se valoriza, sua Sombra vai seguir sua orientação segundo a qual para tudo que é de valor não é importante. O dinheiro não é importante, a saúde não é importante, o amor não é importante. Ainda mais quando você verbaliza numa rodinha de amigos que dinheiro não é importante só para se fazer de modesto, para fazer um efeito, para obter o aplauso. Aí que a coisa piora. Sua Sombra escutou e gravou. "Ah, mas foi numa conversinha boba!" Não importa. A Sombra não discerne se é uma brincadeirinha ou uma conversa séria.

Deu para perceber por que o dinheiro anda em falta na sua vida? É assim que seus caminhos se fecham. É assim que as coisas não vêm. Falta isso, falta aquilo, as pessoas não têm respeito nem consideração por você. É assim que você encontra aquela situação de briga com esse, de encrenca com aquele, muito insatisfeito, nervoso, se esforçando, e as coisas não acontecem.

"Meu Deus! Quando é que eu vou ter um pouco de paz? Eu fiz tanto bem para os outros e não obtive o bem."

Ora, você sempre diz que bem para você não é importante, mas para os outros, sim. Você tem dito isso a encarnação inteira mais as últimas sete vidas. Depois você pede para Deus um pouco de paz, me dê isso, me dê aquilo, mas Deus não trabalha pegando e dando na mão. Ele trabalha assim: você vai pondo e Ele vai seguindo você. Ele não trabalha com esse "pede-pede". Agora, quem tem, mais vai vir, porque a Sombra aprendeu desse jeito.

Tem coisa que você fez muito bem, tanto que aí você tem abundância, mas tem coisa que não.

Ninguém é totalmente negativo, mas não é essa a questão. O que conta é que muita coisa que a gente pensa que é o bem, não é. Você fez tudo aquilo pensando que estava fazendo um bem para o colega e não tinha consciência de que as coisas emperradas na sua vida vêm dessa atitude. Tem muito bem que não é bem, e têm coisas também que a gente acha que é muito mal, e não é, e até dão certo.

Às vezes a gente faz uma grosseria bem-feita e resolve, não é mesmo? "Nossa, fui tão grosseiro com aquela pessoa!" Fui ruim, e não é que deu certo? Então, a gente pensa que vai ser bom e não é. A gente pensa que vai ser ruim e não é. Porque, muitas vezes, não temos uma noção clara das coisas, mas isso é natural na gente. Estamos aprendendo. Assim, sua Sombra está acostumada porque você dá lugar para o outro. Todo mundo é coitado, menos você. Por que o sentimento da sua colega que vai ficar magoada é mais importante do que o seu?

Uai! Você não é uma pessoa também? "Sou, mas eu ficar magoado não conta." Mas por que o dela conta? Ela não é uma pessoa como você? Então, você fica imaginando a mágoa que ela poderá vir a ter, o desgosto que poderá causar. Por que ir à festa dela é mais importante do que eu fazer uma coisa que eu não estou com vontade?

Percebe a vida emocional que tem? Como às vezes não é respeitado pelo que dá aos outros?

Você faz um bem, mas não vem bem? Faz um carinho e não recebe carinho? Você dá confiança e não recebe confiança? Sua Sombra não recebe. Você é ruim para receber. Você é bom para fazer, mas na situação que você ensinou o receber fica difícil porque sua Sombra não está bem educada.

Vamos aprender uma declaração, porque a declaração ensina a Sombra a voltar para você. Quer continuar em último lugar na sua vida? Quer? Se não quiser, precisa aprender a mudar. E como se muda? Declarando na vibração do corpo:

Eu em primeiro lugar.

Precisamos entender o que é esse "Eu em primeiro lugar". Ninguém, nem filho, nem esposa, nem marido, nem a pessoa que você ama muito está em primeiro lugar. Hoje você vai aprender a se pôr em primeiro lugar. Sua Sombra muitas vezes está lá trabalhando para o filho, porque você mandou protegê-lo. Tudo é para ele. Ela vai para ele e você fica sem proteção, só levando.

Cada um tem sua Sombra. Você tem a sua, e seu filho tem a dele. Então o que a gente faz? Declara: "Eu em primeiro lugar". Dizer: "Eu em primeiro lugar" não significa que é tudo só eu, não quero enxergar mais ninguém, não quero ver nada, vou ser ruim com o mundo inteiro. Não, não, porque isso é egoísmo.

Colocar-se em primeiro lugar quer dizer:

O que eu sinto é mais importante que qualquer um, porque sou eu.

Eu digo para minha Sombra que eu sou importante, o que eu sinto é importante, o meu prazer, o meu contentamento, minha felicidade, aquilo que eu gosto, meus limites, minhas coisas são importantes, para que eu me realize e ela me ajude a realizar. Para mim, tudo isso dos outros está em segundo plano, não no primeiro.

Então, vou dizer para minha amiga: "Olha, você quer que eu vá à sua festa, mas eu não estou a fim". Se ela disser: "Puxa, você é meu amigo e não vai? Você diz: "Não vou, não, porque estou cansado", ou: "Quero ficar em casa porque quero acabar um romance espírita que estou lendo; escutar o CD do Calunga; quero ter um pouco de paz; quero ficar com o meu amor, com as crianças", qualquer coisa, entendeu? "Você vai me desculpar, mas realmente é isso." Se ela reagir assim: "Nossa! Como você é! Como você é ruim!", Você responde: "É, minha amiga, vai ter que me aceitar como eu sou, porque estou dizendo a verdade. Eu não estou com vontade de ficar lá com você, nem com as pessoas nem de fazer farra".

Se ela é amiga de verdade, que vale a pena, ela vai entender que você não está a fim, concorda? Uma amiga entende, mas, se é uma amiga falsa, então, também não interessa. Se quiser se magoar, que se magoe, porque você foi sincero. Falou com gentileza, com clareza, não a ofendeu, mas, se ela quiser ficar assim, porque quer interpretar assim e se machucar, então é ela que está se machucando. Se ela disser: "Ah, mas eu pensei que..." Você completa: "Você pensou porque sonhou com a sua imaginação. Eu não posso levar minha vida de acordo com as coisas que você imagina. Da próxima vez não imagine nada. Pergunte primeiro".

Não é assim, gente? Se estou falando educadamente, mas assim mesmo a pessoa insiste em ficar magoada, em não olhar mais para minha cara, o problema é dela.

Quando digo: "Eu em primeiro lugar", por isso não quero fazer isso, aquilo, porque não quero perder dinheiro, não quero perder a consideração, o respeito, estou querendo que minha Sombra aprenda tudo isso. Senão eu vou perder muita coisa na vida, ficar lá no fim da fila e, na hora de chegar o meu, não chega.

Eu não quero mais passar necessidade, eu não quero ter mais conflitos emocionais, eu não quero fazer na vida e não dar resultado nenhum. Por que o meu nunca chega? Por que sou sempre o último? Eu não quero mais ser o último da fila, da minha fila. Eu não tenho que ser o primeiro da fila de ninguém. Quero ser o primeiro da minha fila.

Você quer que seu amor ache você a pessoa mais importante da vida. Está errado. Ele é mais importante para ele. Você vem em segundo lugar, e olha lá se não tiver mais alguém no meio. Eu preciso pensar que não tenho que ser o primeiro para ninguém, mas o primeiro para mim, porque, sendo o primeiro para mim, não preciso ser o primeiro para ninguém. Desse modo, não incomodo ninguém porque estou cuidando bem de mim. Assim, não preciso de ninguém para cuidar de mim.

Quando os dois pensam dessa maneira, o relacionamento se torna mais maduro e duradouro. Conversam, se entendem, tudo se ajeita e vai bem.

Portanto, à medida que digo *não*, eu não estou apenas assumindo aquilo que sou, aquilo que eu sinto na hora, aquilo que eu quero, o meu, mas estou centrado em mim. Estou ensinando meu corpo que minhas coisas são realmente importantes. Então, minha Sombra vai dizer: "Não, a coisa com esse aqui é assim... quando ele é, é. Ele se valoriza, se respeita". Aí a sombra começa a trabalhar com isso, fazendo o mundo respeitá-lo, fazendo você receber pelo que fez. Vem o reconhecimento da vida pelo que trabalhou, vem o dinheiro, surgem as oportunidades, os negócios prosperam, e as coisas começam a dar certo em sua vida, uma vez que a Sombra é responsável pela realização.

Na área dos relacionamentos acontece a mesma coisa. As pessoas se tornam mais carinhosas, consideram mais. Todos têm uma admiração maior por uma pessoa assim. A gente só gosta de pessoas assim, não é mesmo? Então o que acontece? Os relacionamentos se tornam melhores. A vida, os filhos, o marido ou a esposa respeitam mais. As coisas parecem que vêm numa certa ordem de acordo com o seu andamento, com seu progresso. Você vai obtendo uma satisfação porque se tornou uma pessoa de respeito, de mais prosperidade.

É a Sombra que cuida da prosperidade.

Por exemplo, é um aspecto da nossa Sombra que cuida do dinheiro. Se ela aprendeu que você se dá valor, que se vê uma pessoa muito importante, tudo que é de valor, como oportunidades de trabalho, dinheiro, tudo que é valoroso para você começa a fluir na sua vida.

A Sombra vai materializar quando você precisa. Tem muita gente que é assim, não é? Como é que essa pessoa pode ser tão sortuda assim? O que ela quer vem. Só de falar vem. E têm umas que até se exibem: "Olha, quando quero uma coisa, faço assim e vem". Aí você fica com ódio porque está na luta, insistindo, peleja daqui, peleja de lá e não acontece. Junta o dinheirinho para ir de pouquinho em pouquinho. Aí, quando você quebra o carro e leva todo o dinheirinho para consertar, é um inferno. Nunca está recebendo o valor de tudo aquilo. Quando é que vai chegar a minha vez? Nunca, porque você não ensinou direito sua Sombra. Mas o que tem a ver meu relacionamento com minha colega e com meu dinheiro? É a coisa da atitude. O que é que você anda amarrando nas suas atitudes? Onde você está pondo seu valor?

A declaração é um modo de reeducar sua Sombra. É um modo de a gente trabalhar e mudar essas situações que não estão boas. Quando digo no corpo, para valer: "Eu em primeiro lugar", seguindo o que sinto, estou na atitude de me dar valor. Por exemplo, lá no serviço, se o chefe pede para fazer algo com pressa, e eu sei que, quando faço com pressa, nada sai direito, então eu digo: "Não, chefe, eu preciso de mais tempo para entregar isso, porque não me sinto bem fazendo com pressa e, quando faço correndo, não sai nada direito".

Assim, as situações, não só no serviço, mas em todas as áreas da minha vida, começam a mudar. Portanto, para fazer as coisas, você tem que ter a atitude de se pôr em primeiro lugar, ver se sente bem em fazer aquilo e nas condições que você possa fazer com capricho.

Ah, você tem medo de ser despedido e ficar sem dinheiro? Olhe, quem se valoriza, quem conhece seus limites, quem conhece sua condição e a defende jamais vai ficar sem nada na vida, porque está se dando a dignidade. Não está recusando as coisas, o serviço, porque trabalha de boa vontade. Sabe que, quando começam as exigências absurdas, se jogando na fogueira, a cabeça explode comprometendo sua saúde, então se recusa a fazer assim.

Quando você se coloca em primeiro lugar, é assim. Então, o que acontece quando você chega à sua dignidade, à sua certeza, sem nenhuma dúvida, de que você é mais importante? Seu chefe vai ouvi-lo com outro tom, vai vê-lo com outro ponto de vista e vai mudar as atitudes em relação a você, achando você melhor, tratando-o melhor na empresa do que aquele bobo que fazia as coisas no medo. Ele vai respeitá-lo mais porque você é uma pessoa que se coloca, que se respeita, é um profissional consciencioso, foi lá dentro, foi sincero com o que sente, foi ético consigo, agiu na integridade. E, quando surgir uma promoção, o cargo será seu. É assim.

Você se dá o respeito, sua Sombra aprende, fazendo com que não só seu chefe, mas todo o ambiente respeite, valorize e promova você.

Quando você não toma as atitudes seguindo o que sente, sua Sombra faz o mesmo. Ninguém vai reconhecer seu trabalho. Vou explicar: está na sua cabeça que você faz tudo direito, gosta do direito, nasceu para o certo, mas cada um tem uma noção do direito, do certo, não é? Para fazer com sua verdade, se você passa por cima, com medo disso, daquilo, sacrifica-se achando que está fazendo uma coisa boa para a empresa, para o chefe, mas você não percebe que está se desvalorizando. Assim, você não percebe que está se pondo no fim da fila. Eles não vão reconhecer, mesmo que você se mate pela empresa. Na hora da promoção, vai outro que está há menos tempo lá. E ele ainda vai querer aprender o serviço com você, para você ficar com ódio, porque você é trouxa, bonzinho, medroso, não é verdade?

Gente, uai! A energia que você produziu com a postura que você colocou parece o bem, parece o certo diante do medo de ficar na rua sem dinheiro, de não ter dinheiro para levar para casa, aqueles dramalhões da cabeça de homem, parecendo até que você está tendo bom senso. Parece, mas o resultado depois é de lascar. Não é o bem.

Eu sei que às vezes você está numa determinada atitude que parece boa, mas depois se arrepende. Aí, quando você percebe que não está valorizado, seu salário não anda, as coisas não vão, você está cansado, desanimado, então vai avacalhando, ficando naquela situação horrorosa e de revolta. Não percebe que foi você mesmo que fez tudo isso, mas foi. Como você está assim no serviço, vai para casa, e a mulher não está com vontade de ficar namorando você. Homem de Deus! Você está com uma energia ruim, desvalorizado, de saco cheio. Você não está gostoso, começa daí. Não está namorável, não está interessante, está na revolta com uma energia péssima. Não está aquele homão que ela queria. Você está meio homem, desinteressante, chateado, cansado, empurrando o dia com a barriga. Aí, quer fazer qualquer coisa, e ela não está a fim de qualquer coisa. E, se ela se amar, não vai fazer nem consolo, sabe, aquela coisa rápida para consolo? Nem isso. Ela vai dizer que não foi com este homem que casou, entendeu?

O que está acontecendo, homem de Deus? Está ruim de beijar, pois ela é sincera e não vai beijar porque você está muito esquisito. Não adianta fingir. Você não está bom para aquilo e pronto. Então, ela procura falar de outra coisa, fazer outra coisa, senão ela se machuca. Fica pior em vez de melhorar, porque ela se valoriza.

Aí, o homem vai morrer de ciúme. Claro, ela se valoriza e se põe, e ele não. Então ele vê nela tudo que ele queria ser, ficando com ciúme, querendo tomar conta. Fica perturbado porque não está se dando o devido valor. Mas ela, que já veio no Calunga, não tem isso, não. Ele fica aí, com baixa autoestima, com ciúme, perturbado, vai querer que ela fique se matando, só olhando para ele? Ela também gosta de olhar outras coisas no mundo, porque está viva e do jeito que ele anda não dá. Ela até gosta dele, mas do jeito que está não dá para aguentar. Ele não está dando aquela coisa boa, não está fazendo a sua verdade.

Você não está se dando aquela coisa? Você não está fazendo a sua verdade? Você não está indo lá na sua verdade? Você não é aquela pessoa que a gente olha e sente aquela coisa bacana? Eu sei que você tem, mas sua coisa está meio ruim. Vocês pensam que é dinheiro, mas é mais que isso. Antigamente ainda era, mas agora não é mais, não. É homem mesmo que elas querem. E só meio homem não interessa, não é verdade? Dinheiro até elas ganham, e hoje já é secundário. É bom um homem rico, também não vamos exagerar, não é verdade? Até porque um homem rico, um homem que se fez, é um homem que tem uma coisa a mais, não é um pamonha, não é mesmo? Mas, também, uma mulher poderosa que se faz, que se fez, que é independente, que trabalha, é uma coisa que é mais que a outra que é lerda. Uma mulher mais forte, mais inteligente, uma mulher capaz. A gente sempre tem admiração pelo que cada um tem de bom, não é verdade?

Então, a gente está se esquecendo de pôr a gente na frente. Você está entendendo o que eu quero dizer: "Eu estou em primeiro lugar"?

No meu coração, se estou com você é porque eu gosto, então, se eu quero mostrar meu sentimento, eu demonstro, porque o meu sentimento está em primeiro lugar.

Eu faço só o que eu gosto.

Vamos lá? "Não vou porque não estou com vontade". "Puxa como você é! Eu fiz isso para você". "É, mas agora o negócio aqui é essa troca". "Você vai me coagir? "Você não fez comigo porque você gosta?" "Não, eu fiz porque você gosta. Não gosto, mas fiz para você". "Fez porque você é tonto. Da próxima vez não faça, porque eu não vou retribuir só porque gosto de você." Esta é uma atitude digna, de valor. Mas, geralmente, você é tão pobre de espírito que já vai fazendo o que não gosta só para agradar, para ver se o outro vai fazer aquilo que o agrada, não é assim? Isso é pobreza de valor.

Essa atitude só faz a pessoa cada vez mais desvalorizar você, cada vez mais não entender você, cada vez mais não ter uma conexão de interesse por você. Vai se desinteressando, desinteressando, aí, além de você fazer e não valer nada, em tudo que ela insistir, você cede. Acho que o amor morreu.

Não, meu bem. Não é que o amor morreu. É que você está virando uma anta, porque onde foi parar tudo aquilo que era um dia? "Mas você sabe como é, Calunga, eu era... Porque eu tinha uma Sombra melhor, porque eu tinha uns pensamentos melhores, quando eu era solteira. Depois casei, achei aqui na minha cabeça que tinha que ser assim, que tinha que ser assado... Aí comecei a botar outra postura. Então, minha Sombra começou a ficar diferente, diferente, aí tivemos um filho, veio o negócio de mãe, já achei que tinha que ser mãe decente". Mãe daquele jeito, não é? Tinha que sofrer, tinha que fazer tudo para os filhos, para o marido e se abandonar.

É, você foi se largando, sua Sombra foi para o seu filho, tudo para o seu marido, tudo para o lar, e você foi ficando sem força, cansada, feia — feia no sentido de sem viço — e sempre com esse sacrifício, sem vitalidade. Deu toda sua força para os outros. É verdade. Já tive até depressão. Depois do segundo filho, então, foi terrível. Iiiiih... Já estava ruim, fiz tudo mais errado ainda.

Cadê aquela mulher? Por que, ao se casar, ao ter filho, teve que fazer mudanças que não eram boas? Você estava bem e então começou a entrar numas ideias, essas ideias começaram a ensinar sua Sombra, e sua Sombra começou a correr para todo mundo, deixando você sem força.

Como você saiu daquele seu melhor, seu corpo começou a ficar feio, porque a Sombra foi entendendo que era para relaxar, para não cuidar, e ela então deixou de cuidar de você. O metabolismo deixou de funcionar bem, as coisas começaram a ficar feias, ganhando pedaço de lá, pedaço de cá, pneu daqui, roda dali. A Sombra aprendeu e você foi ficando assim.

Depois, com medo de enfrentar a sexualidade, a possibilidade de um assédio sexual, foi ficando gorda, falando para Sombra: "Não, não, eu tenho muito medo se eu ficar muito assim. Vão aparecer muitos homens em cima e meu marido é ciumento. Não, eu não quero". E a Sombra: "Tá bom, tá bom". Então vamos deformar, engordar, engordar. Ela aprendeu.

Hoje você quer fazer uma dieta, mas no meio da noite, acorda desesperada com a Sombra querendo comer doce, comer de tudo. Você faz uma força danada, toma remédio, uma fórmula, para enganá-la. Não é isso que vocês tomam? Fórmulas para enganar? Então, a Sombra fica dopada, entenderam? E você engorda, toma água porque ela retém o líquido, pois a Sombra precisa reter, segurar, botar uma armadura em volta para você ficar feia, para que os homens não venham em cima, porque você tem muito medo. É a Sombra de proteção. Gordura é proteção, é da área dela.

O que precisa ser feito quando você estiver numa situação meio parecida com esta? O assunto é o mesmo, mudar a minha Sombra, declarando: "Eu em primeiro lugar".

Eu em primeiro lugar.

Quando vejo que estou indo para as coisas antigas, cedendo para fazer gracinha: "Ah, não! Vaidade, chega". Não quero mais pagar esse preço. Não quero ver minhas coisas no chão. Não vou me desvalorizar não. Vou assumir: "Eu em primeiro lugar".

A situação é essa, você procura ser honesta e clara com você, falando claro onde você quer estar: "Olhe, eu não sou para isso". Aí a Sombra já pega. "Eu não sou para a coisa boa, eu sou para a ótima". Quando você fala assim, aparecem os comentários negativos na cabeça: "Você é pretensiosa". Então, você vai perceber de onde veio essa doutrinação de pôr você para baixo.

Por que não posso ter o ótimo? Por que os outros têm tudo fácil na vida e eu não posso ter? Por que a vida está fazendo isso comigo? Ela não está fazendo coisa nenhuma. É você que está fazendo. "Ah, dou graças a Deus por ter esta coisinha!" Coisinha... Não está fazendo você feliz, não está satisfazendo você, não deve ser a sua medida. Qual é a sua medida, a que lhe satisfaz? É o que deve ser para você. Porque aqui dentro não erra. É como uma roupa que você gosta. Vê que ela satisfaz bastante. Aí você adora, usa sempre a mesma, não é isso? A sua é aquela que lhe satisfaz. Não interessa se foi cara ou barata. Aquela bateu. Vocês falam: "Bateu, amo de paixão". Não é assim que vocês falam? Então se ame de paixão. Aquela é a sua medida. Por que você está usando essa mais ou menos? Porque você é mais ou menos. Vai levar uma vida mais ou menos, e a Sombra vai entender que com você tudo é mais ou menos. Quando aparecer alguém mais ou menos, não se queixe. Emprego mais ou menos, cliente mais ou menos, foi a medida que você assumiu. Você achou lá nas suas contas que era o certo. Não pensou que ia dar em tudo isso, pensou? Mas foi, e o pior é que ainda disse dar graças a Deus por ter isso. E você, falsa, diz graças a Deus. É falsa porque lá dentro não está satisfeita. Porque você pode até enganar a cabeça, mas a alma, não.

A alma ninguém engana.

Você se conforma, vai para a vida com aquilo, não sabe como fazer melhor, mas lá dentro você sabe como é que é. Não está satisfeita. Mas será que Deus não sabe por que não eu? Por que ela e não eu? Não vai obter resposta para isso por mais histórias que invente, não é? É que ela simplesmente escolheu declarar e se colocar numa situação melhor. A Sombra dela produz as coisas melhor para ela. Pode ser que nem sempre ela faça assim em tudo na vida, mas naquelas coisas que você gosta ela está melhor que você porque está se pondo melhor. É só isso.

"Na verdade, Calunga, eu queria uma vida de privilégios."

Cá entre nós, vamos falar a verdade. A gente só ficaria feliz se viesse tudo fácil, não é mesmo? Se pudesse ficar com o tempo para fazer o que quisesse, não é verdade?

Claro que sua alma ia gostar de mexer com muita coisa. Fazer muita coisa porque você é interessada naturalmente em muita coisa na vida. Isso é espiritual, pois uma pessoa verdadeiramente espiritual, como eu, não trabalha. Eu *realizo*, eu tenho projetos e vou realizando meus projetos. Estou aqui na

Terra fazendo este trabalho com meu menino (Gasparetto), que é um projeto que eu queria fazer e estou realizando.

Eu não trabalho. Eu realizo meus projetos na vida.

Eu me empenho porque é o meu prazer, meu interesse. Tem a ver com o que me preenche, com o que satisfaz minhas necessidades e com o que é para mim. Porque não aceito a vida que não é gostosa. Vida sem gosto, não é? Se você morrer sem gosto de viver, você vai para o inferno, para o umbral. Não vem para minha comunidade. Não adianta ficar loira, nada. Vai para o umbral a mesma coisa. Porque, minha gente, é a frequência da pessoa que está naquela coisa que é ruim para ela. Assim, ela não tem condição de estar num lugar muito bom, porque a Sombra dela não vai levá-la já, direto.

Quando você morrer, sua Sombra vai levá-la como está levando você aqui na vida, nos fatos. As coisas vêm conforme a Sombra vai trazendo. Então, o negócio aqui é você se acertar aí dentro com sua Sombra.

Eu em primeiro lugar.
Eu sou importante.
Eu vim aqui a este mundo para me realizar e vou me realizar.
Vou fazer as coisas que são o bem para mim e, para esse tipo de bem, o que conta é o que me satisfaz.
Não vou mais entrar na ilusão das coisas.

Então, eu paro para ver se realmente me toca e me satisfaz. Isso é se pôr em primeiro lugar. Ah, tem que ter, tem que ter, tem que... Não tem que ter nada. Vou ver do que preciso, do que gosto, qual é minha medida, qual é a minha coisa. Isso é se pôr em primeiro lugar. Porque eu nasci para o melhor, e esse melhor aqui dentro de mim não é o melhor do mundo que diz que tem que ter isso, ter aquilo, ser isso, ser aquilo. Ah, você tem que ir para não sei onde, conhecer isso, aquilo. Não tenho que conhecer nada. Isso não me atrai, então eu não vou. Eu vou para minha coisa, entendeu? Eu quero ir para minha casa da praia. Não tenho que ir para Paris. Na minha praia é que me sinto bem. Nada é luxo.

O que satisfaz é a medida do seu espírito.

Espiritualidade é conseguir as satisfações, porque a vida só é boa se você tiver essas coisas. Você tem acreditado em muita coisa que é suspeita. Por exemplo, tem gente que acreditou na ideia da luta, não é? Que as coisas para terem valor têm que ser sofridas, muito lutadas, com muito esforço e sacrifício. A Sombra aprendeu. Hoje, até para obter as coisas mais simples, é um inferno.

Toda vez que a Sombra se sente desvalorizada, e ela quer valor, ela vai trazer o quê? Dificuldade. Mas, agora que estou pedindo a Deus que me ajude, que me dê um descanso, vem mais dificuldade? Como você está pedindo valorização, está dizendo a ela que valor é obtido através do sofrimento. Então, ela lhe traz sofrimento. Viu só como é sua vida? Por isso dizem que sofrimento pouco é bobagem. Porque já vem de pacote, não é?

Por que será isso? Por que acontece aquilo? Você não está querendo valorização? Para sua Sombra, quando você quer se sentir mais valorizado na vida, ela vai seguir o que você a ensinou. Só com muita luta e sacrifício. Vou buscar a coisa que valoriza ele, que valoriza ela: encrenca. Ele adora contar como resolveu todas as encrencas. Sente-se valorizado. Ele é o "rei do pepino", tem até barraca na feira.

Vocês aprenderam que é ter vaidade dizer que são bons, e não é bom quem desembaraça tudo. No entanto, quando você acha que dor e sofrimento têm mérito, que lutar e sofrer têm mérito, sua Sombra aprende e vai lhe trazendo encrenca, sofrimento, para você se sentir maravilhoso. Não é assim que você a ensinou? E quando eu descanso? Nunca. Ela está lhe fazendo um bem. Então não é Deus? Não tem isso no destino? Deus não escreveu nada. Também não tem nada a ver com a encarnação passada. É a de hoje mesmo.

Então, quer dizer o quê? Que eu posso mudar, que eu vou parar com isso, que eu vou declarar:

Sacrifício não é para mim, porque eu respeito meu limite.

No meu limite, eu me respeito. Não quero ser herói. Eu quero ser inteligente. Quero obter as coisas pela inteligência, fácil, porque, se eu plantei, a planta tem que crescer e tem que fazer a parte dela.

Por que eu planto e não nasce? Não tem uma coisa errada com minha mão? Ah, você não tem mão boa para plantar. Vão falar para dar para o outro que tem. Mas por que o outro tem? Não, isso é mentira. Todo mundo tem mão boa para plantar.

Mude a Sombra: não, não, agora sou interesseiro. Quero ver tudo com lucro. É disso que você gosta. Tudo que você quiser tem que ter lucro, não é? Ter um resultado bom, ver a coisa funcionar, dar certo. Ter lucro é o que satisfaz você, não é verdade? Que seja um dinheiro, uma boa companhia, contanto que o satisfaça. Você quer ter lucro, não quer? Então, aceite tudo o que queira fazer.

"Mas, Calunga, que coisa esquisita! Você está falando diferente da minha mãe. Minha mãe disse que a gente não pode ser assim, ganancioso. Tem que pensar mais nos coitados."

Uai, minha filha! Por que os coitados não pensam neles? Por que eu tenho que pensar neles? Por acaso eles não têm cabeça? Eu estou tentando pensar. Já pensei pior, agora estou tentando pensar melhor. Eles também que se esforcem, uai! A vida está aí para todos. Todos têm oportunidades. Mas essas pessoas são muito pobres de espírito. Elas ainda vão apanhar muito para poder aprender.

A vida ensina a todos, então eu vou cuidar é de mim. Não vou parar por causa do outro que está perturbado. Vou levar minha vida para a frente.

Eu aceito receber só o melhor.

Fale isso repetidamente. Seja ousada, escandalosa, imoral. Derrube aquela moral pobre de espírito. "Eu quero ver beleza e resultado." De tudo que faço, quero resultado bom. Eu sou do bom. Sou do sucesso. Tudo tem jeito. Eu sou da solução. Declare: "É assim que eu sou e é assim que eu vou firmar em mim, vinte e quatro horas por dia. Eu vou pensar assim. Eu vou sentir na carne, porque eu nasci para o melhor".

Se você chegou aqui sem obter o melhor, nós já sabemos que boa parte de sua encarnação foi perdida. Você fracassou. Você não foi aí para salvar ninguém. Você foi para resolver você. E você mesmo vai se cobrar o que não conseguiu. Nós estamos em grupo, e grupo é uma coisa muito boa. Ajudar um ao outro, compartilhar é a regra da sociedade.

Nós estamos hoje usufruindo tantas coisas boas que outros criaram, inventaram. Temos tantos benefícios e nós contribuímos com essa sociedade de muitas formas. No entanto, mesmo vivendo na sociedade, eu tenho que me levar para a frente. Então eu vou mudar meu destino. Eu vou dizer:

Eu nasci para o melhor.

Não quer dizer que você está fazendo isso apenas agora. Isso já está lá na verdade do espírito. É você que está assumindo agora aqui na consciência. Vou botar uma Luz na minha Sombra. Ela vai começar a mudar o jeito de dirigir minha vida, acertando minhas coisas, porque não vou mais acreditar nessa falsa modéstia.

A verdadeira modéstia é eu ter tudo de melhor.

Eu só vou ficar satisfeito, se eu tiver tais coisas na minha vida, pois minha alma não foi escolha minha. Foi de Deus. E minha alma me fez só se satisfazendo com tais coisas. É como aquela roupa que me satisfaz. A outra posso até vestir, mas a que me satisfaz é aquela da minha medida. Eu não escolhi ser assim. Foi Deus, através de minha alma, que só aceita o melhor, do melhor, do melhor.

A medida certa é a da nossa satisfação. Se você não está satisfeito, alguma coisa está errada. Pode parar porque você está fazendo algo com sua Sombra que não está funcionando direitinho. Precisa rever alguma coisa que pensou que era boa, mas na verdade não é.

Afinal de contas, quem é seu Pai? É o dono de tudo. Seu Pai é dono do universo. Por que você tem que ficar nessa situação de desespero, de carência, de miséria, sendo herdeiro do Pai mais rico do universo, não é verdade?

Se você é filho de pai rico, por que não assume que você é um príncipe, herdeiro de uma imensa fortuna, de grandes privilégios, de grandes belezas?

Vamos afirmar, vamos sair: "Não, isso é ilusão, isso é verdade. Não estou trabalhando ilusão, estou pondo em mim o que estou criando, o que estou atraindo. Estou fazendo isso e não é ilusão. Estou dizendo que nasci para o melhor e não vou me satisfazer com o que não é suficiente para mim. Deus é que pôs a minha medida aqui e eu respeito".

Não pense, faça. Se pensar, vem todo aquele pensamento antigo que fez com que você ficasse limitado quando podia ter tido uma experiência muito melhor, muito mais ampla nesta encarnação até agora. E daqui para a frente você vai precisar muito. Então, vamos usar essas coisas.

Fazer um bem em você é fazer um bem à sociedade, porque ninguém melhora sem melhorar o mundo em volta.

Assim, vamos melhorar você. Vamos perder essa ideia de ter vergonha de ser, vergonha de ter o melhor. E, se você tem o melhor e o outro não, o problema é dele, não é seu. Não comece a pegar o problema dos outros, porque

Eu estou em primeiro lugar.

Eu estou aqui para resolver a minha situação, e eles as deles. Ajudar não é pegar o problema do outro. Cada um tem que resolver a sua vida. A gente não muda o modo de pensar da pessoa. A pessoa é que tem que trabalhar por ela. A gente pode conversar, como estou conversando, mas eu não mudo você. Você é que vai fazer. Por mais que eu queira seu bem, por mais que eu tenha certeza do que estou ensinando, mesmo assim você é dono de você, não é isso?

Então, vamos respeitar o limite do outro. Vamos pensar interiormente sobre as afirmações que estamos sentindo. Vamos sentir Deus na carne. Vamos fazer o método todo: Deus na carne. Isso é muito mais poderoso que rezar. É uma reformulação da nossa postura, da nossa energia, de toda nossa constituição energética.

Fale: "Eu". Sinta o Eu. Aquele *Eu*.

Eu sou alegria.
Eu sou felicidade.
Eu não vou ter medo de ser feliz, nem de ser
o primeiro, nem de ser o melhor.
Eu não vou me comparar com ninguém.

Meu caso é um problema meu. Não tem a ver com filho, esposa, marido, mãe, pai, família, ninguém. Deus mora na minha carne. A minha coisa é com essa coisa aqui em mim. Vamos ser bem individualizados e discretos, na postura de assumir só a coisa com a gente. Esse *Eu* aqui, senhor de mim. Meu *Eu* é alegria. Meu *Eu* é entusiasmo, ânimo para as coisas que tenho ânimo. Eu não tenho ânimo para tudo. Respeito minhas coisas, não forço, aceito.

Eu nasci só para fazer o que eu gosto,
o que faz sentido dentro de mim.

"De agora em diante não estou aqui para fazer média. Não estou aqui para cuidar dos sentimentos dos outros. Não estou aqui para me responsabilizar se alguém ficar magoado. Neste instante, vou me pôr realmente 'em primeiro lugar'."

"Olhe, Sombra, você agora vai prestar muita atenção em mim, porque eu passei a vida inteira e outras vidas dando força para os outros, fazendo você trabalhar para os outros. Mas hoje você vai voltar para casa. Eu quero que você trabalhe só para mim. Cada um tem a sua Sombra. Deus não desfavoreceu ninguém, e eu não quero mais que você vá cuidar de filho, de mãe, de pai, de marido, nem de ninguém."

Se você não fizer isso, não vai ficar forte. Pare com a vaidade de que você é a rainha do mundo e a melhor de todas. Menos, menos. Se você conseguir cuidar bem de você, já é um milagre.

O resto, a gente ajuda, convive, mas não assume. Ame, faça o que gosta verdadeiramente dentro de si sem se ultrajar.

O bem só é bom quando vem de dentro e faz um bem em você.

Eu estou aqui só para fazer o bem que eu tenho. Sombra, volte para mim. Não quero que você vá mais atrás de ninguém. Nada, ninguém é mais importante que eu, do que sinto, que minhas necessidades, minha verdade, minhas condições, minhas qualidades que quero desenvolver, meus dons, o fortalecimento dos meus pontos fracos.

"Eu estou em primeiro lugar."

"Eu vim aqui para mim e não vou falhar comigo. Não quero mais ficar nessa dos outros. Estimo as pessoas, respeito-as, mas vou me respeitar também."

Fale isso com firmeza. Tem que ser com ordem de quem quer mesmo o melhor, para ter o melhor.

Eu me considero a pessoa mais importante da minha vida.

Sou aquele com quem devo me importar mais do que com qualquer outro. Com o outro, posso me importar enquanto isso não me ferir, enquanto eu não me esquecer de mim.

"Eu em primeiro lugar."

Vamos sentir a valorização que nós estamos nos dando que a força volta para você.

Não se prenda ao pai, não se prenda à mãe, não se prenda a irmão, não se prenda a ninguém.

Prenda-se a você. Nós podemos nos querer bem na família nos respeitando, mas eu me prendo a mim. Voltar para mim não é para cuidar dos outros. É para cuidar de mim, porque eu sou importante. Os outros estão em segundo plano.

Como é importante o que gosto! Eu gosto de abundância. Gosto da coisa fácil.

Não acredito que tenha que sofrer pelas coisas. Basta fazer o necessário, e elas vêm, elas funcionam. "Eu aceito ter privilégios." Abro minha mente e aceito ter privilégios. "Eu aceito ter em abundância tudo na vida", tanto que não dá nem para eu gastar. Minha satisfação é a prova de que estou fazendo a coisa certa para minha vida. "Eu não preciso ser como ninguém. Eu sou eu." O outro é o outro. Pense no universo todo, como se você pudesse, nesse momento, sentir o universo todo em volta de si, porque está, não é? Está aí tudo em volta da Terra, em volta da gente. O universo inteiro. Sinta o universo mentalmente. Um mundo sem fronteiras, a grandeza desse universo incrível, e comece a dizer:

O universo está em mim.

No universo em que me encontro, estou sempre em primeiro lugar e vou realizar todas as coisas que me agradam, que são importantes para mim, dentro e fora de mim.

Eu sou um vaso escolhido onde a expressão da inteligência universal está aqui. Então, universo, eu O recebo consciente de que sou Seu, e de que Você está trabalhando para mim neste momento de acordo comigo. Sou "eu em primeiro lugar" e todas as forças que me pertencem pela minha própria constituição espiritual, pela própria formação que Você fez em mim, eu estou assumindo:

"Eu não me abaixo para nada nem para ninguém. Eu sou digno do melhor, de fazer o melhor, de querer o melhor, de aceitar que o melhor é para mim."

Pode ser que eu não tenha pensado assim a vida inteira, mas agora, universo, eu vou pensar. Não só vou pensar, como vou vestir o melhor para mim. Não vou ter o acanhamento de dizer: Não, isso aí é muito interessante, mas não é o meu. Eu não quero. Eu quero o meu. Universo, traga de volta minhas Sombras, meu poder, minha força que na minha inconsciência eu devo ter espalhado por aí.

Nesse exato instante o universo responde. Ele já está trazendo.

Eu quero para mim a facilidade na vida.

Facilidade econômica, facilidade de fazer as coisas, de mexer no meu serviço, de me agradar nesse serviço, de produzir muita coisa boa, porque meu negócio é este, e meu prazer é a realização. Meu prazer é o sucesso de ser eu. Abraço neste instante muita clareza.

Oh, universo! É o melhor mesmo. Não tem nada de falsa modéstia. Aqui, não. Nem vou ficar fazendo tipo, porque sei o que não me agrada, e o que me agrada é o que eu gosto, é o que faz sentido para mim, é o meu tamanho. Estou entendendo que eu nunca vou ser feliz se eu não tiver aquilo que preciso ter, dentro e fora de mim. Dentro de mim o conhecimento, a capacidade de viver bem essas situações, porque eu sou do bem. Sinta isso lá dentro do coração:

Eu sou do bem.

Se sou do melhor, é porque sou do bem.

Não preciso ganhar as coisas porque sou do bem. Eu falo porque eu sou do bem, porque é gostoso, porque para dar as coisas às pessoas nem precisa ser do bem.

Tem muita gente que é do mal e tem tudo, porque a Sombra dela aprendeu, mesmo que ela tenha pouca Luz, mesmo que ela seja ignorante, violenta, ou tenha uma moral duvidosa. Assim mesmo, ela tem tudo na vida, porque ela tem aquela coisa na Sombra dela que traz tudo para ela. Então, a gente que é melhor que isso, por que não pode ter tudo? Pode, sim. Assuma. Não tem nada a ver com mérito, que ser bonzinho vai ganhar isso, aquilo. É mentira. É conversa de pai e mãe. Tem a ver com onde você se põe.

Então se ponha: o melhor para mim. Se Deus mora na minha carne, por que o melhor não é para mim? Quando estou com o melhor, todas as forças divinas naturais, a natureza, estão melhores. Ela também sente comigo, porque mora dentro de nós. Assim, ela quer que a gente tenha o melhor para usufruir também. Se eu estou no pior, ela não usufrui. Então, todo o universo está trabalhando a meu favor neste instante.

De agora em diante eu não abaixo mais a cabeça. Não quero a falsa modéstia. Não aceito mais nada disso. Eu quero minhas forças comigo, quero o que é meu comigo e acabou. Eu não estou aqui para fazer média com quem quer me usar. Se alguém me quiser, é assim que eu sou e tem que me querer inteiro com o que tenho, com o que eu valho de verdade. Firmeza, gente! Não dê bola para medo nenhum. Medo nunca lhe deu nada. Ao contrário, só lhe tirou. Não dê muita atenção para a cabeça que vem com aquelas coisas ruins. Quando você fala universo, sinta que você está falando com o universo mesmo. Sinta o universo: "Universo, tire isso daqui. Eu não quero mais". Fale com alma: "Não quero". Em um segundo, sai. A Sombra reage na hora.

Você tem que assumir, tem que falar, declarar, mandando, declarar com convicção, declarar com certa força interior, entendeu isso? Não é na meia-conversa, na dúvida. Se falar na dúvida, não adianta nada. Então, quando você vai colocar, coloque o universo e se coloque com aquilo diante do universo. No mesmo instante Ele começa a agir dentro de você, no mundo da carne, da matéria, da Sombra. Começa a agir a seu favor.

Você precisa treinar. Não só treinar, mas observar os resultados da experiência.

— Como você está se sentindo agora? Está melhor, não é? Quando a gente faz, imediatamente começa a sentir uma reação positiva de ânimo, de firmeza, não é isso?

Daqui para frente não vou ser mais aquela tonta. Foi isso que você pensou, não foi? Vou usar minha energia diferente e vou ver, vou testar.

A gente aprende é vivendo, experienciando. Agora não vou aceitar ser meia. Não vou ser mais ou menos. Vou ser inteira e boa. Boa, não é como o povo entende boa, mas como eu gosto. É diferente, não é? O povo tem um jeito, e eu quero outro. Vou ficar comigo bem. Porque eu sou assim, de valor, não é verdade? Assumindo, desenvolvendo, trabalhando, aperfeiçoando seus dons, aperfeiçoando seu nível, sua performance, mas dentro de você fortalecida.

Ninguém mais trabalha aqui, não é? Você realiza. Ah! Aprendeu agora?

Estou aqui para realizar.

Muda tudo, não muda, gente? Pode ver. Muda a perspectiva, o ânimo. Não sou escravo de ninguém. Não estou aqui para isso. O dinheiro vem. Estou aqui é para realizar, e nesse realizar me realizando. Porque realizando dá prazer, dá realização, não é isso? Seja criando filho, seja cuidando do lar, seja cuidando de um empreendimento qualquer, seja qualquer projeto, tudo são realizações incluindo as realizações interiores. Aquele cuidado de si, principalmente aquela obtenção de vitórias interiores diante desse falso bem.

Quando você começar a dizer *não* para uma série de coisas, começar a se sentir forte e digno dentro de si, vai ver como vai se sentir maravilhoso com a pessoa que você é, porque, afinal de contas, você mora aí dentro desse ambiente. Se não cuidar desse ambiente, como é que vai ser? Então, você está aprendendo a cuidar desse ambiente de uma maneira como nunca cuidou, da maneira que a gente ensina aqui.

Porque as pessoas chegam aqui ao astral um trapo. Aí a gente tem que ensinar a virar gente. Ensinar a ser defunto. Olhe, venha cá. Desse jeito não dá, não. Porque meu filho... Cadê o filho? Acabou... Não, mas ainda é meu filho... Aos olhos de Deus não é, não. E, olha, ele não está nem sentindo a sua falta. E, se sentir, é porque você se apegou e o prejudicou na educação. É melhor você parar. E aquilo demora. Aí ela reage: "Não, porque minha casa... porque minha família... porque minha empresa... porque meu carro..." Acabou. Já era. Já foi. O que eu sou aqui? Você mesmo. O que você fez de você? Quem é você? Porque para nós não interessa nada. Interessa para você que vive aí dentro.

Claro que, se você está bem consigo, é uma companhia melhor, e eu vou preferir você, não é verdade? Se está ruim, você é uma companhia péssima, e eu vou evitá-la. Isso não chega a me afetar, no entanto, quem vive aí é você, e eu sou da alegria. Você não é da alegria? Não, você é muito sério para mim. Você é da seriedade. Vamos ver a alegria de viver. Fale: "Eu sou da alegria". Não tema. Não tema a alegria. Não tema a felicidade. Você tem que vencer isso. Tem que aproveitar. Há muita coisa boa, e agora, falando essas coisas, você vai ficar mais sem-vergonha. As coisas vão ficar melhores para você aproveitar muito.

A vida vale pelo que a gente aproveitou, mesmo que você não tenha conseguido atrair tudo o que queria.

Pelo amor de Deus, não leve a vida tão a sério! Já, já, vai acabar, viu? Logo, logo, você vai morrer, tá? Vai ser mentor. Então, aproveite!

A verdade é que eu sou um fantasma esforçado. Eu gostaria muito que você tivesse uma vida maravilhosa. Será possível uma vida com tudo bem? Tudo a favor? Será que você acredita, não porque quer, eu sei, todo mundo quer, não é? Outra coisa é acreditar.

A vida é uma coisa interessante. Porque tem tanta coisa boa na vida da gente, não é? Tem muita coisa boa, mas tem muita porcaria também. Tem o lado das coisas boas, das bênçãos das coisas que dão certo, das coisas fáceis, e tem o outro lado: as coisas ruins, coisas difíceis, terríveis. Todo mundo tem.

Agora, tem gente que tem mais coisa boa do que coisa ruim, e tem gente que tem mais ruim do que boa. A diferença é constante, não é? E aí eu fico pensando: se você olhar bem, bem, tem gente que só tem coisa boa. É até enervante, não é verdade? Só coisa boa e fácil, enquanto outros só têm coisa ruim. Tudo que põe a mão, arrebenta. Nada dá certo.

Quando eu vejo essas pessoas com coisa boa, digo: "Gente, é possível, é possível ter tudo bom". Eu, por exemplo, tenho tudo bom. Eu sinto muito causar inveja, mas eu sou um defunto absolutamente feliz. Tenho tudo que quero, do bom e do melhor. Só coisa boa. Não foi sempre assim. Se eu for contar minha vida, Deus me livre! Vira um romance *best-seller*.

Como a vida de qualquer um, tudo acontece com todo mundo, e eu tive uma vida terrível na última encarnação. Negro, escravo alforriado, o que não fazia diferença nenhuma, burro, ignorante e macumbeiro. Fazia magia negra, que aprendi com minha avó. Mas eu lascava a piaba! Até matei. Não queria nem saber. Tinha rancor, tinha raiva, porque negro, na minha época, era objeto, mobília da casa. Eu fui criado assim e até achava que era objeto, porque tanto que os outros falam que você acha que é. Maldita burrice de ver a gente com os olhos dos outros! Também tinha complexo e tudo mais. Aí, então, eu me vingava. Me enchia a paciência, era revoltado, não tinha nem amor-próprio, não tinha nada.

Assim, eu fazia o que sabia e o que podia. Não me arrependo, não. E eu paguei? Não paguei nada. Nunca ninguém me cobrou, mas, de tanto fazer macumba, eu sofria muito. E tinha gente que pegava mesmo, se azarava com a vida. Eu fazia uma boa magia negra e era bom no que fazia, mas tinha gente que não pegava. Eu não entendia aquilo. Fazia e não dava certo.

Eu não tinha uma visão espiritual, não tinha visão de nada. Estava lá na minha luta fazendo minhas coisas e aí, se você cruzasse meu caminho, e eu não gostasse de você, eu lascava a piaba! Mas, se gostasse, fazia tudo.

Quando você faz as coisas, e eu fazia as coisas, suas forças interiores aprendem. Quando você condena, xinga, essas forças aprendem que aquilo é bom. Você não faz porque acha bom, mas elas aprendem que é bom. Depois, quando alguém faz para você, elas aceitam e deixam entrar. Aí você pega, e quem pegou foi porque devia.

Tudo aquilo que fiz foi ficando carregado e eu peguei uma espécie de meningite, morri desgraçado e fui parar no umbral. Exu bravo que era, fui parar onde? Para debaixo do inferno. Até que lá não era tão ruim assim. Para falar a verdade, não era, até porque, chegando lá, fui com o bando que era meu. Todo mundo falava igual, um era marrudo, eu também, fazíamos a mesma política. Tudo bandido. Tinha muita farra, muita coisa. Claro que, se bobeasse, levava. Tinha que ser esperto, como em certos lugares da Terra. Por exemplo, a cidade de São Paulo. Bobeou, levou, não é isso? Mas não é tão ruim assim, é? Cheio de *shoppings*, de parques, bares, baladas.

Mas eu sofri muito. Tinha as dores, volta e meia tinha crise, e foi se acumulando. Fazia as coisas para limpar. Às vezes funcionava, às vezes, não.

Depois, resolvi sair de lá e voltar para a fazenda onde morri. Lá na cachoeira, onde eu fazia meus trabalhos, virei assombração. Era o negão da cachoeira. Era eu. Eu não era exu de cachoeira, mas exu calunga de cemitério. Por isso meu nome é Calunga. Era exu ruim mesmo. Assombrava porque dizia que a zona era minha. Tinha até capanga. Sempre me enturmei porque gosto de gente. Então, tinha capanga e eu era barra-pesada, mas sofria. Era muito durão.

Meu companheiro estava comigo e sempre me ajudava quando estava com as crises. A gente só pensa no que é ruim, sem consciência do que a gente é. Eu já estava naquilo cansado, passava muito mal, aí apareceu a santa na cachoeira. Hoje sei que era uma mentora. Ela apareceu para mim e perguntou por que estava naquela angústia. Disse que eu fazia muito bem o que fazia, mas precisava mudar.

Quando estava conversando com ela sobre a dureza da vida, que queria mudar, ela conseguiu me convencer. Então, apresentou minha avó. Ai, minha avó! Eu me comovi tanto porque foi a única pessoa que me tratou como gente. Quando me lembro, até começo a chorar. Gente, que papelão! Mas, então, ela veio e tal, e com ela eu fui embora. Larguei tudo ali e resolvi ficar um tempo com ela. Ela disse que ia me ajudar nas dores, aí eu fui por causa das dores.

Quando cheguei lá, como eu era do mato, me puseram numa cabana. Era um pronto-socorro. A mentora chegou e me encontrou com minha avó do lado. Ela pôs a mão na minha testa, e eu me vi loiro, de olhos azuis, que foi a reencarnação anterior que eu tive na Suíça. Daí, ela me disse que eu sofri tanto por causa do meu complexo. Perguntou se eu queria ficar assim, mas eu era ruim e falei que não queria. Queria ser negão mesmo e continuar do jeito que estava. Não queria mais nada, não. Estava na revolta. Ela disse: "Gostei que você decidiu assim. Agora você vai descobrir quem você é. Vou lhe ensinar".

Ela me pegou e me levou para uma clareira, num lugar muito sossegado. Então me disse: "Olhe, eu vou lhe vender uma chave, um tesouro que vale um milhão, para você entender tudo". Pensei: "Que história é essa dessa mulher querer fazer negócio comigo?" Sabe, mineiro sem-vergonha?... E eu desconfiado: "Essa mulher está com coisa".

Agora vou fazer um negócio com você. Vou vender um tesouro que vale um milhão de euros. Ah, minha filha! Eu estou a par de tudo. Eu estou aqui toda semana, tenho que estar por dentro de tudo. Eu vou vender para você.

Ela perguntou assim: "Qual é o segredo, a chave da vida? A chave das bênçãos, a chave do viver bem, a chave de ter tudo, só ter coisas boas?" E ela ficou falando: "Vocês fazem muita confusão, e você não entendeu, Calunga. Estava tudo lá e você não percebeu. Todo o mundo externo não existe, ele é só um reflexo do mundo interno". Ela falou isso.

Confesso que não achei grande coisa. Pensava em ver uma nova magia, uma escrita milenar, um papiro maravilhoso, e não. E ela continuou: "Você pensa que entendeu, mas não entendeu. Se você tivesse entendido, já tinha caído duro de prazer, porque você nunca cuidou do seu mundo interior. Dentro de você todo mundo cuidou e enfiou coisas. Essas coisas se estenderam em várias encarnações, só levando a projeção do mundo que você viveu, as situações que passou.

O seu mundo interior, você nunca cultivou. Você nunca se encarou, Calunga. Você é um ilustre desconhecido e agora vai começar sua verdadeira jornada para a libertação. Isto é, se você quiser. Não é difícil, e é o único caminho. O caminho que fiz e todos fizeram. É o caminho que você vai ter de se virar para fazer".

Só você pode iniciar a jornada rumo à própria libertação.

O mundo externo é uma projeção do mundo interno.

Se nós criamos aqui dentro aquele clima bom, aquela situação boa, todo o resto vai ser reflexo. Só coisa boa. Mas o problema de criar coisa boa é que não acreditamos nisso. Acreditamos que a coisa boa tem que vir ou pela graça de Deus, ou porque fomos pessoas muito certas ou muito boas; enfim, as pessoas nunca percebem que está nas mãos delas. Sempre acham que tem um Deus mágico, ou pessoas, ou alguma outra coisa. Infelizmente há essa confusão e aí se colocam nas mãos do mundo, achando que as coisas vão acontecer. Dão toda a importância para o mundo.

O mundo é muito acessível. Entra muita coisa rápida, muita besteira, muita ilusão, e a gente se confunde com tudo isso, enquanto aqui dentro fica tumultuado, negativo, agressivo, frustrado, castrado, revoltado, com culpa de tudo. Isso tudo vai espelhando situações, criando situações no mundo, e a gente peleja para ajudar o mundo, correndo atrás disso, daquilo, sacrificando-se pela casa, porque pensamos que é o lá fora que determina tudo.

Gente, é tão mais simples não precisar fazer nada fora! Mas tem que fazer tudo dentro. Agora, se você começar a observar qual é a verdade... Tem gente que não faz nada, e o dinheiro vem. Dá raiva, mas é real. Você chama a pessoa de acomodada, de vagabunda, dondoca, que não tem valor nenhum, por exemplo, aquela que está agora em Nova York, gastando pra burro e tem um marido rico. É um exemplo do reflexo.

O que você sente por você? Quem é você para você? Você cresceu ouvindo que o povo falava: "Ah, você é muito feia, muito gorda. Você é uma adolescente muito ruim". Assim puseram uma porção de complexos no corpo, uma porção de imagens, de palpites errados e às vezes nem põem. A gente mesmo põe o que o outro pensa da gente, que o peito é feio, que tudo é feio e assim vai criando isso.

Então, temos uma coisa muito ruim com a gente com relação à aparência. Não cultivamos aquela presença.

Só quem tem presença pode se colocar.

E quem não tem presença não se coloca. Vive recatado, retraído e defendido, com muito medo. Sente-se rejeitado, com medo de se impor. Vai achando que isso ou aquilo não é para ele.

Isso espelha um desamor muito grande, as relações afetivossexuais se tornam miseráveis e não se consegue ficar bem em nada. Não consegue ter um prazer no amor, não consegue ter prazer no sexo, não consegue ter a relação saudável, ao contrário, torna-se uma relação sacrificada, angustiante, cheia de insegurança, pinta o ciúme, fazendo todo mundo sofrer. É um inferno. Está com vontade de dar, mas tem medo de dar. É aquela coisa tão insegura, e assim vai atraindo quem não lhe compreende, quem tem problema, e a relação é complicada.

Às vezes está boa e depois piora. Muitas vezes não aguenta, diz que vai largar tudo e vai embora porque não está suportando mais. Depois pensa o que a família vai falar, os parentes, e promete aguentar mais uma semana e assim vai levando a vida achando que a solução é ir embora, ou achando que a pessoa não é apropriada.

Não percebe que às vezes o outro ou a outra está lá até com boa vontade, mas aquilo está acontecendo com você. O problema é achar que o marido ou a mulher é um problema, que os filhos são o problema. Não, é você diante daquilo. Como você é confusa, a coisa fica confusa para o seu lado, porque você está aqui, o problema é você, e o externo está respondendo.

Lá no fundo, o problema não são as pessoas, mas eu diante daquilo. Nunca a gente parou para perguntar por que está assim.

Meu companheiro é ruim, porque está me maltratando. Sempre é o outro, e você achando que se matando em agradar vai arrumar e se frustra. Se for lá dentro, parar e perceber que quem está frustrada é você, que não tem a coragem de se encarar diante da situação, o que você é diante dessa situação, com essa criatura que não dá certo, que gosta numa hora e na outra quer matar; numa hora está segura, noutra insegura; numa hora está se sentindo rejeitada, desprezada, depois fica sem graça, depois luta para fazer funcionar. Com o filho é a mesma coisa, com a família a mesma coisa.

Pare. Faça como um exu. Vá lá para o canto, o canto do exu, e pare. Não tem nada. Sou eu diante dessa criatura. Sou eu que tenho minhas expectativas. Sou eu que quero do meu jeito, porque vai ser bom para mim.

"Eu me trato da maneira como eu gostaria que essas pessoas me tratassem?"

"Eu tenho esse clima interior para ter esse clima exterior?"

É preciso ter coragem de se encarar.

"Eu sou rico aqui para ter dinheiro lá fora?"

"Eu sou sortudo aqui para ter sorte lá fora?"

"Eu me respeito muito para ser respeitado lá fora?"

"Eu me aceito profundamente para ser aceito lá fora?"

"O que eu faço com meu espaço interior? Como eu lido com isso?"

A maneira que lido com a coisa aqui dentro é a maneira que sai e cria o espaço exterior.

Essa é a chave de um milhão de euros. E você nunca parou para olhar, mesmo que saiba de certas verdades. Você nunca se encara, perde-se nas situações, procurando soluções externas. Quero que você aprenda aquilo que mudou minha vida. Mudou completamente o meu ser. Porque eu tenho o terreno interior que Deus me deu para eu cultivar e Dele vem a expansão para fora, esteja encarnado ou desencarnado.

Quem eu era para mim? Nunca me incomodei muito comigo. Em minha última encarnação, diziam-me que eu era um objeto, que eu era negro, que não era de nada, inculto, numa sociedade de brancos, e negro era assim mesmo. Negro era miséria e pobreza. E eu me deixei impressionar com aquilo. Deixei e criei um inferno dentro de mim, mas na minha época houve muitos negros que estudaram até na faculdade. Houve grandes homens.

Rui Barbosa era mestiço, o que dava no mesmo. Houve muitos, até na política, mas eu não. Deixei crescer o veneno dentro de mim, que me comeu e me criou uma vida terrível, embora eu batalhasse com as armas que possuía, mas perdi porque quem guerreia perde.

Entendi, então, que eu não sou o que esse povo está falando, ou seja, não interessa minha cor, porque já fui branco, preto, não interessa. Ainda sou preto hoje porque gosto de ser negro. É um prazer. Estou negro. Ando em qualquer lugar, descalço, porque isso sempre me mostra minha grande ilusão e me faz me amar, me olhar e ver o ser humano maravilhoso que sou. Mas não comecei a ser antes que eu me olhasse, antes que eu criasse dentro de mim e dissesse: "Puxa, Calunga! Você é ótimo". Repita aí dentro:

Eu sou ótimo.

Vamos sentir esse ótimo, não interessam as ideias que eu tenho de mim. Vou entrar dessa porta para cá. O resto são ideias que peguei por aí. Ninguém sabe de nada. O importante é que agora estou fazendo meu espaço interior e, para mim, eu sou ótimo.

Para o outro, é uma opinião dele.

Só você sabe de sua luta, de seus empenhos, de quanta coisa boa você faz, tirando a imaginação do que deveria ser. Poderia ser todas essas bobagens que a sociedade jogou na nossa cabeça. Se olhar para você, na sua conta, você é ótimo.

"Ah, Calunga! Mas eu queria ter conquistado mais."

Tudo bem. Isso não vai deixar você de ser ótimo porque, para conquistar mais, é preciso começar sendo ótimo, não porque tem, porque não fez, ou devido a alguma escala de valor. Não, eu sou ótimo porque é gostoso ser ótimo. O que é mais gostoso, ser mais ou menos, ou ser ótimo?

Por que você não cultiva seu espaço interior?

Por que não cultiva essa bondade? Por que não se dá esse crédito?

Isso é que vai fazer o mundo lá fora.

Ninguém precisa se matar para ter as coisas.

Quando falei: vou fazer esse trabalho porque gosto de falar com o povo, já peguei o melhor médium que tinha. Aí o Hilário, meu guia, disse: "Calunga, o que você vai fazer lá? O homem é internacional, o que você vai fazer?"

Eu disse: "Vou ensinar a fazer. Eu aprendi, melhorei, e ele está querendo aprender, então vai aprender também. Ele tem boa intenção, eu também, hei de conquistá-lo". Vou conquistar porque me adoro, eu gosto de mim, sou uma pessoa de muita confiança em mim, deixo-me muito à vontade, nunca mais me critiquei, nunca mais me culpei de nada, nem das minhas macumbas e de tudo o que fiz. Até compreendi que quem levou era porque tinha que levar também, estava devendo, mas aqueles que eu queria pegar e não consegui era porque não tinha energia suficiente.

Tudo na vida, tudo que estava levando, eu tinha a ver. Todas as minhas dores eram coisa minha.

O negócio aqui é a chave mesmo de um milhão de euros. É a gente pegar e se encarar. Não, porque aquela minha filha me dá problema, dor de cabeça.

Pare, vá sentar lá no cantinho do exu. Pode ser debaixo da mesa, onde você quiser, embaixo da escada, sente-se e fique lá. Pare a cabeça. Minha filha não tem nada, não é problema nenhum. Eu é que quero que seja do meu jeito, porque ela tem que ser feliz do meu jeito.

Eu estou muito fechado com essa mente. Tudo sou só eu, só o que penso. Eu é que pego tudo isso e me amolo, me esquento, me arrebento, crio um clima contrário, e ela vive na briga comigo. É uma guerra, estou fazendo uma inimiga e não estou ganhando nada. Estou é muito na burrice de que eu tenho que querer. Quem tem que se querer é ela.

Mas... você é mãe... Isso é vaidade. Eu sou uma pessoa no meu limite, e ela no limite dela. Ela na estrada dela, e eu na minha, pelo menos assim consigo um pouco de paz aqui em casa. Sou eu que tenho que largar mesmo. Ela não está fazendo nada. Eu é que estou me amolando, me arrebentando aqui com uma coisa para a qual não tenho capacidade. Não sou capaz de mudá-la. Não sou capaz de fazer tudo isso.

Eu é que fico temendo o tribunal do mundo a me condenar. Não tem tribunal nenhum. É tudo besteira. Vou tomar juízo, não dar bola para isso e fazer uma vida melhor aqui dentro, porque, se estiver melhor aqui dentro, quem sabe eu crio uma coisa melhor até para ela. Aí você larga, se sente limpa, aliviada, bem. Isso era comigo.

**O que dá, dá, o que não dá, eu não faço.
Tudo sou eu.**

Posso ignorar a vontade da criatura, o limite, a razão dela. Só posso acompanhar, mas se for para o caminho ruim deixa lá. Quando ela voltar do caminho, a gente conversa. Por que eu tenho que fazer tudo? Deus não faz nada? E aí me ponho na minha, no meu limite e me despreocupo. Então, começo a melhorar, começo a ficar bem, a tratar de outras coisas em que estou interessada. Vou fazer aquilo que posso na vida. Meu mundo interior começa a melhorar, eu fico bem. Esse bem vai pegando, vai afetando a menina que já quer conversar e se você permanecer na sua: *"O que você acha, minha filha, você faz, mas eu não penso assim"*. Não imponha nada. Aí ela escuta, e você consegue ter uma boa influência.

Como você mudou, começa a mudar tudo em você. A paz interior se espalha para o ambiente, compreendeu?

Não adianta se desgastar com as coisas. Nem revolta, nem medo de isso ou aquilo acontecer. Se acontecer, vai ter que encarar. Parece boba! Pare com esse negócio que vai acontecer. Pare com o medo. Acha que o medo vai evitar alguma coisa? Não, eu vou lá para o buraco do exu e digo: "Pare". Espere aí: eu paguei um milhão de euros, eu tenho que valer. Vou dizer não. Não posso estar aqui criando com medo, maldade, achando que vou evitar algo ruim.

**A única maneira de evitar um futuro
ruim é estar na paz hoje.**

É produzir paz agora para o amanhã estar na paz. É estar na segurança agora para ter segurança amanhã. É produzir equilíbrio agora para ter uma vida em equilíbrio.

Tem que se encarar. Tem que se pôr na calma: bobagem, o medo não é uma coisa boa para agir. Com medo, não ajo. Se for por motivação, compreensão da necessidade, até posso, mas com medo não vou agir. Não quero saber de Deus, não quero saber de nada. Ou eu crio esse espaço de paz e confiança em mim para acertar tudo o que é meu, ou não faço nada. Não vou ficar me debatendo em nada. Já me cansei.

"Paz, paz, paz."

"Eu sou ótima."

Em toda a minha vida, as forças divinas sempre se manifestaram com ideias.

Tudo, tudo o que há de bom, tudo quanto é coisa que a gente já fez foi assim, por que dizer agora que não tem equilíbrio? Também, nada é tão importante assim. "Calunga, eu só queria..." Quando a pessoa fala "só queria", é porque sofre de insatisfação. Isso é uma doença. A pessoa não está madura, não está conseguindo um estado que produza aquilo que quer.

A gente briga porque não está conhecendo a lei do milhão, a chave da vida, entendeu? Pegue a chave da vida: cadê o milhão para essa coisa toda funcionar? Vou me botar na confiança. Eu quero ficar na confiança. Não dá para fazer assim, assado.

Chega! Eu não quero querer. Chega do que não tenho condição e me martiriza! Que se dane aquilo! Já foi. Eu valho mais do que tudo. Por que as coisas e os fatos valem mais do que eu? Casamento, casa, profissão, dinheiro, família, país, nada vale mais do que eu. Nem Deus vale mais que eu. Então, deixa me pôr aqui dentro.

E é verdade. A chave disso é que você se põe. "Mas eu tenho que me enfrentar sempre?" Não, mas a situação que você está enfrentando, que está passando, sim. Não é você na situação, não são os parentes, seus amigos ou aquelas pessoas com problemas na sua vida. É você diante daquilo, porque quem está afetada é você, por não estar cuidando bem de si. Ai, me irrita muito quando falam isso! E daí, quem fica irritada é você.

Se você vai lá dentro e se encara, vai descobrir que está querendo que as pessoas não sejam assim. Está esperando muito delas para você ficar bem.

O que posso fazer agora para ficar bem?

Porque em breve esse espaço aqui vai criar o mundo lá fora. Eu vou é me ligar na minha verdade e eu sou maravilhosa.

Se me dou força, eu me reforço.

Por que dar tanta força para os outros e não para mim? Quando dou minha força para os outros, fico enfraquecida e todo mundo me invade, todo mundo me atinge, me critica, me condena, se mete no meu caminho. Cruzam meus caminhos, meus negócios não vão para a frente. É encrenca de cá, encrenca de lá, obsessão daqui, doença dali. Uai, eu criei, então está certo.

Eu vou mudar isso, vou encarar. Vou lá ao buraco do exu e vou me encarar. Chega! Nunca vai acontecer nada de bom se aqui não estiver bem. Vou começar tratando de mim. Não quero querer. Quando tiver condição, terei; quando não tiver, não terei.

Não quero estragar minha vida por causa de besteiras, de bobagens. Não quero ser nada que o mundo queria que eu fosse.

Ai que bom! Quero ser livre e vou fazer o que gosto, e eu gosto de não pensar em nada. Eu gosto só de me sentir bem.

O medo acaba criando tudo quanto é situação desfavorável. Portanto, vamos pôr tudo no bem. Como é que você vai fazer isso? Declarando sempre:

Eu sou sortudo.

Fale lá dentro para sentir como é ser sortudo.

Minha vida é só coisa boa.

Não pense. Se pensar, vai cair no antigo. Eu sou sortuda. Perceba como se sente sendo sortuda. Tranquilidade, não é? Pois é. Já está entrando na harmonia, na serenidade. Não é lá fora. A magia é aqui dentro. Depois é que se reflete para fora. Por isso que para o tranquilo vem tudo na mão. Para o cuca--fresca tudo dá certo. Nunca vê problema em nada, não se agita com nada, não se aflige com nada, não se preocupa com nada. Faz o trabalho, faz as coisas, não tem essa loucura. Na vida dele vai tudo bem.

Eu conheci gente assim aqui na Terra. Enquanto se comportava como tal, tudo ia bem. No dia em que tomou juízo, piorou tudo. Eu acho que é o seu caso. Isso é tão comum e mostra muito bem quando você está naquela situação. A situação está muito gostosa porque se espalha para fora. O dentro é que cria o de fora. Você não é um produto do meio. O meio é que é um produto seu. Sinto muito, cientistas, mas tudo o que existe aqui na Terra é criado pelas inteligências do espírito. Não tem nada disso que vocês falam. Tudo é aqui dentro.

"Eu sou sortudo."

Fale demais da conta, mas tem que entrar na carne. Quando você fala na carne, você pode sentir, não fica pensando na cabeça. Não fica questionando.

"O passado não tem força sobre mim."

Fale:

Meu poder está no agora.

Na hora que eu ponho aquilo, já sinto que fica bom. Então, o poder é agora. Na hora que está bom, é bom, já começa a mudar a energia com tudo que é seu.

Seu exercício é manter isso. Vocês têm a ilusão de que o de ontem vai voltar. Bobagem! Se voltar o pensamento antigo, não dê importância. Ah, é bobagem. Eu sou sortudo, pronto, acabou. Não force, não fique pensando demais, porque você não pensa só com sua cabeça. Você pensa com tudo que vem lá de dentro, não é? Automaticamente vai fazendo você pensar, pensar, pensar.

Agora nós vamos mudar. Tem que pensar que quem pensa sou eu, e eu penso que sou sortudo. Não preciso ter razão, porque eu penso o que quero, e a vida não tem destino.

Sou eu que escrevo meu destino.

Já percebeu como a gente se perde quando vai para fora? Porque o fulano, o sicrano vem me amolar. Pronto! Já deixa o outro de fora ter mais poder do que aqui dentro. Não pode. E você precisa exercitar. Leve você para o canto do exu e diga: "Não é nada disso. O lado de fora não tem poder algum. Essas coisas não vão me afetar. Estou aqui e preciso mexer nessas coisas que aprendi errado. Eu imaginei errado, queria errado. Preciso sair bem deste canto e só vou deixá-lo quando estiver bem".

O mundo não vai mudar lá fora, eu é que vou mudar aqui dentro.

Quando mudar aqui dentro, vou mudar lá fora, porque eu quero tudo o que é de bom neste mundo. Eu quero pessoas me respeitando, muita consideração, muito sucesso na vida profissional. Quero uma cama boa, namorar, ter filhos bem--criados. Quero fazer as coisas certas, quero ter beleza e juventude, tudo, tudo. Quero uma vida boa, cheia de aventuras e bastante dinheiro para gastar no *shopping*, nem é daqui, pode ser de Dubai.

Até para sonhar você é miserável. "Vou àquele *shopping* modesto, perto de casa...". É bom, eu sei, minha filha, qualquer *shopping* é bom, mas não vai comparar com o de Dubai, não é?

Então, você vai largar o canto do exu na hora em que tiver resolvido. Não, não vou mais com a minha vida nisso. Vou tomar jeito e conversar comigo. Vamos lá com uma conversa lá no canto: "O que está acontecendo?" Não, porque estou com medo. Vai fazer o quê com o medo? Vamos parar com o medo. Pare de pensar, menina. Pare com a força mental. Vá sentir lá dentro.

Eu é que mando, não os pensamentos.

Não, não tem nada de ruim. Pensar no futuro? Que bobagem! O que sei do futuro? Vamos lá dentro para ver qual é a minha coisa. Estou com medo de fazer feio? Vaidade, não é?

Você veio aqui para fazer graça para os outros, ou para curtir sua vida?

Vamos parar com a vaidade. Que outro, que nada! O que é bom para mim? Como é que eu me sinto bem? Do que estou precisando? De consideração? Então, eu vou considerar tudo o que é bom. Lembrar-me de tudo o que eu faço de bom, me dar os parabéns, até me sentir bem.

Se estou me sentindo bem, eu saio do buraco, o buraco do exu. Mas, vou ficar na fé de que eu vou achar um milhão de euros, porque estou usando o tesouro que o Calunga me deu. Um milhão, pode anotar. Agora estou com dois milhões. Já fiz minhas contas. Já sei: vou comprar um palácio para ficar assombrando quem estiver lá. O desencarnado só tem palácio para assombrar. Aí você cobra ingresso.

Assim, a gente vai vivendo. O progresso é grande quando a gente aprende a verdade da chave. Você vai se sentir tão bem que vai até estranhar. Vai pensar que morreu porque se sentirá tão leve, tão despreocupado das coisas que, por sua vez, vão começar a ir bem. Vai ficar até preocupado:

"Calunga, está tão bom que estou com medo". É que não está acostumado.

Mas como é que pode não acontecer nada? Mas o temor vem. Por enquanto vamos curtir o que está aí. Se amanhã for diferente, vou ver depois. Agora não vou enfrentar porque estou muito bem, e eu sou sortudo. Nasci num berço de ouro. Não a sua casa onde era tudo pobre, mas nasceu no berço divino. Por que não?

Qualquer lugar do mundo é de Deus.

Você nunca põe o bem aí dentro, não é? É, mas tem a realidade. Que realidade, que nada! A realidade é o que você está pondo aí, cheio de bobagens ruins sobre você.

Os bons pensamentos para mim: encorajamento. Como você precisa de encorajamento! Quanto você precisa para largar a maldade e a malícia dos outros! É por isso que está amarradinha, com medo. Como pode ir para a frente essa amarradinha? Umas coisas vão, outras não, porque está amarrado. Amarrou-se porque estava muito preocupado com a malícia dos outros.

Não, gente. Não é assim. Ponha-se no buraco do exu. Sente lá. Se estou toda amarrado, é por causa do medo desse mundo, de dar força para os outros.

Eu agora vou do meu jeito, só para mim. Vou botar pra quebrar, vou incomodar. É o que você vai fazer a partir de agora. Vai produzir inveja para treinar não pegar: "Olha, amiga, eu sou tão sortudo! Minha vida está uma coisa. A sua nem chega aos pés da minha".

Quando compara, aí é que o povo fica uma fera. Eu vou perder esse medo do bem, esse medo de me colocar no bem interior. Não vou acreditar na cabeça. Não tem mais nada com que eu não me sinta bem.

É engraçado. Quem nos faz sentir bem é nossa alma. A alma são todos os sensos. Quando você determina e começa a criar o clima, ela se expande, faz um trabalho magnífico no mundo interior e no mundo exterior. Nossas forças da Sombra, que são as forças realizadoras, começam a moldar tudo de acordo com nosso estado.

Você pode notar, no dia em que você está muito bem, como as coisas vão diferentes, não é isso? Você acorda bem, sem motivo nenhum, e tudo corre bem, tudo vai que é uma maravilha. É porque uma energia naquele momento lhe afetou, talvez tenha se colocado numa coisa boa fora do corpo, tenha ido a algum lugar com seu guia ou com sua bisavó, e ficou muito bem, acordando bem e tudo anda bem durante o dia.

"Nossa que coisa! Hoje estou com sorte." É porque você se pôs no bem.

O seu drama, quando cai, é que você nunca pensa que o problema é só você. Sempre joga no mundo a responsabilidade e com ela o poder. Vou me perturbar só porque a pessoa está falando besteira? Meu estado interior é mais importante, e está fazendo meu dia, meu amanhã. Está construindo coisa boa.

Por isso, quando você tem a chave e percebe que o exterior é o reflexo do interior, não entra mais na do mundo, não.

Não, não vou me preocupar, me perturbar, mesmo que o chefe chegue e diga porque isso, porque aquilo, depois volta e desconversa tudo. Vejo tudo, mas o som não vai entrar. Ele, sem dúvida, muda. Fica mansinho, mansinho e vai te achar um amor, porque você é mais forte. A pessoa está assim, até porque muitas vezes a energia do ambiente está ruim, mas, quando ele chega perto de você, já abaixa a voz e todo mundo vai perceber e perguntar por que será que quando chega perto de você ele abaixa a voz.

Então, você vai perceber porque é sortudo. "Eu nasci com uma estrela, num berço de ouro. Quando nasci, todos os planetas estavam alinhados e permanecem sempre alinhados no mesmo eixo do sol." Você não está mentindo completamente, não é verdade?

Fique bem, porque é hora de você gratificar.

Parei de carregar o mundo nas costas. Parei de me irritar com tudo que era errado. Chega de corrigir os outros.

Fui para o buraco do exu e falei que não vou mais assumir o que é certo e errado no mundo. Não quero mais fazer justiça neste meu mundo que está aqui hoje, mesmo porque tem muita coisa boa por aí para eu curtir.

Depois outra, o mundo é um problema de Deus. Descarreguei e pronto.

"Sou um alienado social. Sou ligadão no espiritual."

Não tem jeito, gente. Ou você vai servir a Deus ou a Mamon. Vai assumir a espiritualidade ou a ignorância dos homens. Você escolhe!

O Deus que você quer servir está na lei da espiritualidade, na lei do eu dentro que faz o eu fora.

Prefiro ficar na minha lei, por isso me aceito e gosto muito de mim. Vou corrigir tudo isso porque não quero mais em mim, não. Agora sou sortudo, cheio de bênçãos e não quero nem saber o que o povo anda falando de mim por aí, se é politicamente correto ou não, alienado ou não, entendeu? Eu vou estar bem lá em Nova York. Não quero ficar nisso aqui, não.

É muito bom fazer as coisas, mas a gente quer mesmo é resultado, porque, se não houver resultados, é desanimador. Eu gosto é de realizar. Percebe que você não *trabalha* mais. Está aprendendo que é *realizador*. A gente gosta mesmo é de realizar e não fazer por obrigação só para pagar as contas. Que vida boba! Não, você não merece isso. Vá lá para dentro e põe no buraco do exu.

Fale: "Chega!" O que está criando tanta escassez no meu mundo tão mesquinho? Como é essa minha mesquinhez? Estou cheio demais de coitado, de medo? Estou me apertando, apertando, ficando pequenininho, mesquinho. Não sou eu que estou fazendo isso daqui. Tenho que me enfrentar. Não posso, não posso, meu Deus! Eu sou senhor de mim, não vou me apertar, não vou me constranger, não vou dar força para esse povo lá fora. Vou desprezá-lo. Olha que ideia luminosa! Gostei.

Vamos lá. Despreze o mundo. Eu sei que aprendeu que não se deve, mas eu quero que você faça para experimentar se é bom ou ruim. Esqueça o que aprendeu. O povo fala que não deve, mas não explica por quê. Então, faça. Vai ver que não é desprezar, mas se desligar. Eles usam a palavra desprezo, mas talvez nem seja. Como vocês conhecem como desprezo, vamos usar essa. Vamos lá.

"Eu desprezo" primeiro o namorado, a namorada, o marido, a esposa, o que tiver aí qualquer chinelinho, despreza. Depois, filho. Pelo amor de Deus! Despreze filho, mãe, pai, família, despreze todo mundo lá. Não tem importância. Despreze, fique bem "desprezível", largue em paz, solte todo mundo, solte, solte, despreze.

Pode gostar, mas também não faça escarcéu porque gosta.

Despreze chefe, político... Tudo é gente, gentinha. Pense neles todos pequeninos. Despreze que você vai ver como solta esse povo aí. Esse povo não é de nada. Vai, fique assim bem desprezível. Besteira! Bobagem. Não vou conseguir nada fazendo o bonitinho para os outros. Com isso só consegui me amarrar, me apertar, ter medo de tudo. Que se dane! O que é meu não vem desse povo.

O que é meu vem de mim, da minha riqueza interior, pois reproduzo no universo e ele me responde trazendo riqueza. Não sou mais escravo da vontade dos outros.

Como é a sensação de desprezar todo mundo? Tira todo mundo das costas, não é? Eu não vou melhorar nada. Só estou passando aqui na Terra para fazer turismo, e chega.

Tire a família da cabeça, tire. Vocês estão pegando tudo errado.

"Dê um bem-estar para si hoje."

Esse bem que já vai ser útil para aplicar na sua vida. Vamos criar esse bem interno. Você tem que valorizar os sentimentos deles. Valorizo nada, desprezo tudo. Os sentimentos dos outros são deles, e eles que se defendam. Eu estou aqui nos meus e desprezo os dos outros. Não quero saber de reputação, principalmente por parte da família. É o carisma que traz tudo o que quer. Há tanto sem-vergonha no poder. Pare com isso! O bom é você ter carisma. Não se despreze, não se abaixe.

"Agora eu sou assim mesmo. Faço o que quero, me exibo, sou aparecido, exibido."

Pode falar tudo o que esse povo critica:

"Agora vou ser atrevido. Não vou mais me amarrar e ficar com minha vida amarrada, pagando e comendo o pão que o diabo amassou. Não vou ser essa cara de falso espiritualista. Vou me encarar, me enfrentar e pôr um termo em tudo isso em mim, não é no mundo, não. Eu me liberto dos compromissos com esse povo. Vou fazer tudo de que estou proibido."

Ai que beleza! Tanta coisa lá dentro que você queria fazer e não era nada de mal. A gente é que pôs maldade na cabeça, por causa disso, por causa daquilo, e aí não fez o que gostava. Aí a vida acaba. Para que serviu? Não quero ver você constrangida, filha. Esse modo como foi criada, pode jogar fora. Se não puser uma coisa boa aí, vai continuar comendo o pão que o diabo amassou.

"A vida é minha para fazer tudo que bem entender. Minha vida é moderna, eu posso saçaricar pela eternidade. Eu posso ser livre para fazer o que quiser. Mudar de vida, mudar de país, mudar de profissão, mudar a cor do cabelo, mudar tudo."

Quanto mais fico bem comigo, mais minhas coisas dão certo.

"Faço loucura e dá tudo certo." Quanta gente não é assim? Faz um monte de loucuras, mas dá tudo certo. Tudo anda a favor dela.

Se você, com todas essas amarrações, vai fazer uma coisinha, só dá encrenca. Não pode. Despreze. Eu não me amarro. Desamarre, vai desprezando pai, mãe, freira, professor, tio, tia, avó, avô, todo esse povo que falou na sua orelha. Vou cuidar do meu prazer de viver. Aqui dentro não quero mais essas porcarias. Quero minha paz, porque eu valho muito para mim.

Eu sou todo o bem que tenho. Sou meus sentimentos, minhas sensações.

O resto não vale nada. O resto é usufruto que passa, passa, vai embora quando você menos espera.

Eu sou importante para mim.

"Paz em mim que sou ótimo, muito sortudo que nasci num berço divino. Vou me dar a liberdade, porque ninguém me dá. Liberdade de fazer como eu quero, de falar como eu quero."

— *Vou falá o português tudo errado, e se quisé que eu vou na televisão, vou falá neste português meu. Não tenho prazer de falá o português que ocês fala.*

— Mas você sabe falar?

— Claro! Não sou burro.

— Mas, por que você fala assim?

— Porque eu gosto. Você que é burro de não falar do jeito que quer. Cadê seu charme para falar? Porque quando escuta minha voz sabe que sou eu em um segundo, não é? Porque eu tenho carisma.

Eu não sou amarrado, não tenho medo. Estou criando este universo em mim e você pode criar também, porque não é privilégio de ninguém. Não tem essa de eu ser mais evoluído. Talvez eu esteja fazendo isso há mais tempo que vocês. Já refleti, fui fazendo, fui vendo, mas não tem diferença nenhuma para quem esteve há pouco tempo na miséria espiritual. Pior que você, eu estava e cheguei aqui. Então, você vai correr rapidinho, meu filho. Você é tão inteligente, tão mais bem preparado que eu. O que você aprendeu de errado, por exemplo, carregar o mundo, toda situação à sua volta. Você sofre porque não tem pele. Tudo você assume. Se alguém está um pouco doente, já corre ajudar. Já vai assumindo e absorvendo.

Tem mais gente aqui. As gordas, os gordos, absorvem o mundo, absorvem tudo. Não! Basta de ser a grandona e absorver tudo. Vou botar uma disciplina em mim: "Não posso absorver mais nada".

Às vezes a gente pega umas coisas boas, mas, quando absorve porcarias, fica muito ruim, muito carregado. Não vou mais correr para ajudar as pessoas. Só quando elas pedirem e se eu estiver a fim. Eu sou ótimo como sou, pilantra. E deixa os outros jogarem nome feio.

"Ah, você é egoísta." Sou. Pode jogar praga que eu não pego. Jogue mais para eu treinar. É bom humor, minha gente. Não pode ter drama. Levem tudo no bom humor, na brincadeira.

O melhor jeito de levar a vida é com bom humor.

Agora você vai muito para o buraco do exu, porque faz muito drama. Assim não dá porque destrói muito aqui dentro. Está tudo bem, aí começa um drama por qualquer coisa e entra num espaço interior muito ruim, fazendo com que as coisas em volta também fiquem ruins.

Pelo amor de Deus! Não se descuide nesta fase de transformação, pelo menos até aparecer o efeito do que estiver fazendo. Mas é natural. Isso acontece mesmo muitas vezes. Firmar leva tempo. Cada um tem seu próprio tempo.

O negócio é a chave, a chave que a gente está recebendo que é muito poderosa, pois ela faz você enxergar a vida completamente diferente. Com o tempo vai ganhando mais confiança em si próprio, porque, quando pega e se enfrenta, não fica se esquentando, procurando a causa metafísica. Isso é besteira. Você para e enfrenta, vai para o buraco do exu, escute o que está acontecendo aí dentro, qual é o drama e assuma: "O problema é meu. Se tenho um problema, ele é meu".

Não existe outro lugar em que tenha problema. Não demora, porque, quanto mais demorar, mais vai sofrer. "Mas eu queria assim." Tem condições de fazer? Não. Então, pare de querer. Não perca energia com o que você não pode e aceite o limite. Se não dá, não dá. "Ah, porque minha filha, minha cunhada, meu amante..." Pare com isso. Pare de se queixar que a coisa é feia. Está ficando velha? Daqui a pouco vou encontrá-la no cemitério.

Então, pense bem.

Eu não vou me amolar se o mundo não é como eu quero. Eu vou largar de querer e fazer uma coisa boa comigo. Vou me pôr no bem.

Vou fazer uma coisa gostosa. Vou para a cozinha fazer uma broa. Não é porque ele vai gostar, mas porque é uma comida minha.

Vá, faça no capricho, ponha um clima bom para a broa ficar uma maravilha.

Ah, que saudade! A broa de milho... Não tem nada melhor, não é? Com café, com açúcar mascavo ou rapadura. Na fazenda a gente colocava rapadura no café, não tinha outro.

Vá fazer sua coisa, vá. Vai ver como a coisa muda. É a paz. Quando você tem a chave na mão, você entra na paz, porque você quer um mundo de paz. Ponha a paz aí dentro e perceba que você só quer o bem.

Eu sou ótimo, sou sortudo, sou maravilhoso, não tenho problema nenhum.

Vá se colocando nesse estado, deixando falar o que você deseja, sentindo o que quer, parando de se policiar tanto, assim vai se desamarrando sua vida. Lá fora vai se manifestando uma vida cheia de aventura, cheia de coisa boa.

Quanta coisa você tem para sentir! Quanta beleza você tem para viver nesta vida mesmo! Não é para esperar para depois de morrer. Parece velho, só no amanhã, desiludido.

A pessoa tem que ter coragem, tem que jogar três ou quatro coisas para fora, para o alto, principalmente você mesma.

— Escute aqui, minha filha, por que é que fica insistindo numa coisa que não tem a ver?

"Oh, como estou cansada! Oh, como estou judiada!"

Ou fica lá gostando daquilo, ou larga. Pare de brigar com o mundo, pare de reclamar, vá para o buraco do exu. Lá você tem que conversar com você as vias de fato, sinceramente, sem querer se amaldiçoar, sem xingar, procurar sua verdade, aceitar essa verdade com humildade.

Por exemplo, a coisa mais difícil, minha gente, era aceitar que eu era uma pessoa especial, superdotada, melhor que a maioria, e que eu podia conversar com qualquer um, convencer qualquer um, como vocês. Por que, se Deus pôs em mim e eu não estou reconhecendo? Que bom que tenho isso! Pensei: "Que bom que sou esta pessoa que tem tais atributos, porque não sou igual aos outros". Eu me senti bem, as pessoas começaram a me tratar com consideração.

"Ah, Calunga! Obrigada por existir!" Escutei muito isso. Mas por que tanta luz, tanto conhecimento? Eu tenho o dom. Não vou ficar feliz com isso? Fiz tantos amigos, olha aí, não é verdade?

Você está na mesma situação. Quando eu reencarnar, você é que vai estar aqui me orientando. Então, eu vou exigir meu milhão pela chave da vida. Ah, vai guardando, vai vendo, você que toma nota de tudo, é o primeiro que vou chamar. Aquele do caderno. Está tudo no caderno. Ele vai me dizer porque, quando a gente nasce, a coisa muda um pouco. A pressão do mundo aí é muito intensa. Espero estar bem firme, inteiro, me realizar, entende?

Solte-se, deixe aparecer os dons e goste muito deles. Goste muito de você. O que você chama de loucura, na verdade, é sempre qualidade, é dom. Deixe seu perfume se expandir. Largue as maledicências do mundo, despreze esse mundo, essas pessoas e vá na sua, sentindo-se bem com você. Não tenha medo, confie na sua natureza, você vai ver que beleza, porque as forças aí dentro estão lhe sustentando.

Tudo que a gente passou — eu passei tanto tormento — foi tudo fruto da nossa ignorância de não saber usar a lei, de não entender a lei, de não saber deixar o mundo, com suas loucuras e seus desequilíbrios, nos afetar tanto.

Eu me perturbei tanto que criei um inferno para mim e depois tive que me libertar. Ainda bem que teve gente que acreditou em mim e me deu uma chance. Mas também havia gente que eu cativei, que curei, porque era curandeiro. Curava gato, criança que estava virada, eu desvirava. Assim houve muitas pessoas que acabaram se afeiçoando a mim, tiveram gratidão e na hora H me deram a mão. Eu estava na pindaíba, mesmo. Foi meu lado bom que me tirou de toda a ignorância. Agora, estou passando a chave do milhão. Escreva no caderno. Você me deve um milhão de euros, que valem mais. Comprometa-se que, com base no que relatei, vai mudar a postura diante de você. Converse sério consigo, numa boa, assumindo a responsabilidade do seu estado, assumindo a responsabilidade pelo mundo interior, o que deve ou não ficar, o que você não quer mais e deseja largar, o que precisa incrementar. Não se iniba com os velhos conceitos. Arrisque no novo.

Dê a você tantas oportunidades quantas forem necessárias.

Oportunidades de experimentar e conhecer, com base na lei da chave do destino. Estou dando-a a você de coração.

Tenho certeza de que você está maduro e vai usá-la bem, para viver tudo que merece por direito divino. Tenho certeza de que você tem uma coisa muito boa, um jeito, um carisma, uma coisa gostosa. Você tem dons. Nós vamos fazer uma turma muito boa, de gente afortunada, e vamos sentir a alegria das nossas conquistas, sentir a alegria das transformações para melhor, sentir, espalhar e derramar no mundo a bênção de uma energia muito melhor, fruto do que estamos realizando, com muita alegria, muito humor.

Eu sou sortudo, eu sou ótimo.

Vamos conversar sobre uma série de coisas e fazer mais declarações. E aí, está praticando as declarações? Vai ficando mais segura, não é? Mais forte, não vai? Também acho, porque a coisa mais terrível do mundo é ser insegura, vacilante, cheia de medo, evitando não fazer nada daquilo que você quer na vida e se arrepender depois. Não. Melhor a gente se estrepar por aí e ir arriscando do que ficar parado, inseguro e com medo de fazer.

Vamos ter fé e força, porque a fé, a força e a coragem também envolvem um pouco da compreensão que a gente tem nas forças do universo que nos mantêm. Eu falei, mas você não escutou. Vou repetir: são as forças do universo que o mantêm.

É o universo todo que me mantém.

Não mantém só o sol, as estrelas, os planetas, essas forças consideradas mais físicas, mas todo o sistema divino, vamos assim dizer, intrínseco na natureza: as forças da natureza, as leis, a própria questão da eternidade.

A gente é feito para viver para sempre. Temos equipamentos para nos transformar e viver para sempre.

Assim, o sistema de lei que nos governa, das forças que nos governam, é muito poderoso e está sempre conosco. Você nunca está sozinha, menina, nem quando vai ao banheiro. A gente gosta de entrar no banheiro e achar que está sozinho, mas não está. As forças do universo estão ali, sempre com você.

As forças do universo estão sempre comigo, esteja ou não consciente disso. Se estou prestando atenção ou não, elas sempre estão aqui.

Sinta que sensação causa em você. Quando você pensa que o universo está aqui em volta, que sensação lhe dá, hein, companheiro? Calor, não é? Veja bem, quando você sente um calor, é porque desperta a vida. Calor é a chama da vida, então você está sentindo a energia prana vital, que é um calor gostoso que se expande em nós, produzindo um conforto. Quando você está cheio de energia boa, que é o prana, a energia vital, você sente essa coisa gostosa, entendeu? Como uma brisa de verão.

O que mais? O que você sente quando o universo está em volta de você, sempre te apoiando? Sensação de conforto, não é?

Você sabe que o universo está aqui para suprir tudo o que você precisa. Mas ele precisa de confiança. O que quer dizer confiança? Confiança é ter uma cabeça que não atrapalha a crença. Se você estiver na desconfiança, na dúvida, na insegurança, nas preocupações, ele não consegue fluir, trabalhar, e é barrado. Para ele poder atuar da maneira eficiente, precisa de calma. Quando você sai do desespero, da aflição, é que ele pode fazer as coisas darem sempre certo.

Geralmente você reza pedindo a Deus, para as forças da natureza, quando está aflita. Isso faz com que as forças da natureza se sintam bloqueadas, está entendendo? Mas, quando você está calma, é muito mais fácil você ter confiança.

Nessa confiança, nessa calma, é quando se devem afirmar as coisas perante o universo. Então o universo escuta e executa como pode. Não vai fazer igualzinho como você quer. Ele faz como pode, porque tem uma série de outras coisas no meio, mas ele faz.

Por isso, quando você quer se beneficiar da ligação constante com ele, você precisa entender como funciona o fenômeno. Por exemplo, você é muito cheia de afazeres, preocupada em ter que fazer, é escrava do tem que fazer, desde a hora que levanta até a hora de se deitar. Aí, o universo não funciona e você vai ter um dia ruim, difícil. A mesma coisa, se você não se preocupar com o que vai fazer, mas faz com a cabeça dramática, também não funciona.

A maioria faz drama para fazer as coisas. Não estou criticando. Estou mostrando uma situação. Não, porque tenho que resolver, porque tenho que fazer, não posso esquecer, tenho que passar o e-mail, tudo tem drama. Não é que você não precisa passar a correspondência, mas o modo interior de se posicionar diante daquilo. O que tem que fazer tem que ser feito. Vou pegar o carro, vou para o serviço, isso tem que ser feito mesmo. Mas como é que é feito? Não pode se atrasar cinco minutinhos que lá vem o drama, a aflição. Quando você está aflito, o universo não funciona direito, e você mal consegue levar as coisas.

A aflição é o que vem com os dramas provenientes do pensamento, do modo de ver. Às vezes, acha que é viciada, sempre aflita, angustiada, estressada para fazer as coisas, não é? Nessas condições você absorve o mundo em sua volta. Você quer pegar tudo, servir todos, fazer tudo, não é? Eu sei, seu guia está falando. Então, o que acontece? Você é uma verdadeira esponja. Precisa parar de absorver o mundo. A gente tem que ter medida, companheira. O que é mesmo para mim e o que não é. "Ah, mas a fulana está com dor de cabeça." Não me pediu nada, porque eu vou lá me preocupar com a dor de cabeça dela? Por que tem que absorver o que não é seu? Depois, com suas coisas, você fica aflita. Não fique aflita com ninguém, com nada. Se quiser que as forças se manifestem em você, nas suas coisas, a aflição está proibida a partir de agora. Vai ter multa. Em tudo você gosta de pôr multa, eu também vou pôr. Não tenho mais aflição. Vou ter que chegar ao serviço com calma. Chego na hora que der. Aí, os sinais ficam todos verdes. Agora, pegue o carro correndo, aflita, quero ver quantos sinais vermelhos você vai pegar. É a aflição. Quando você está mais calma, vai ver como as coisas saem direito.

É isso que estou falando sobre o universo funcionando quando você está numa situação, enquanto em outra não funciona tão bem, e você se desgasta. Poderia ser mais fácil?

O universo está a fim de trabalhar, mas ele não trabalha com aflição. É regra na natureza.

Observe o que estou falando, porque sempre foi assim. Não fui eu quem trouxe essa regra por uma mensagem do Além. Se você não fizer por você com calma, o universo não trabalha a seu favor.

Pare com a aflição. Não precisa olhar as coisas com aflição. Vou fazer as coisas, sei que preciso fazê-las, mas não preciso fazer com aflição. "Ai, mas será que vai dar certo?" Você fica fazendo perguntas que não pode responder, cheia de medo e negatividade.

Corte, corte a falta de fé porque, quando você tem medo, não tem fé. Você fala que não tem medo, mas fica nervoso, não é? É a mesma coisa. Todo homem nervoso é medroso. É a aflição com os fatos. Estou preocupado, não sei se vai sair o dinheiro. Não, gente, o que é isso? Para o dinheiro sair, você precisa se acalmar.

Quando boto aflição, estrago tudo, demora e cria uma porção de problemas. E, quando chega, você já se desgastou.

Vocês são todos viciados em aflição neste mundo. Assim, a vida vai se tornando mais difícil, porque aqui já é uma confusão com tanta gente morando junto. E você sem o astral bom, sem a conexão boa com o universo por causa do estado psicológico, tudo vai ficando pior.

Tem hora que você nem aguenta mais, não é verdade? Graças a Deus tem feriado. Mesmo assim, muitos nem relaxam porque têm aflição de sair, de viajar, de pegar o trânsito para sair da cidade. Para a gente descansar, precisa estar bem. Se não estiver, não adianta estar no sítio, na praia, num paraíso tropical, na casa da amiga, dos parentes do interior, não adianta.

Você não está em condição de estar bem? Olhe, vou ensinar. Vamos mudar tudo na sua vida hoje. Você não vai fazer as coisas para ficar bem. Vai ficar bem para fazer as coisas. Pode escrever:

Eu não vou fazer as coisas para ficar bem, eu vou ficar bem para as coisas serem feitas.

Esta é a frase.

"Não vou fazer as coisas para melhorar, vou melhorar para as coisas saírem bem."

Você inverte tudo. Se você não estiver no *bem-bão*, se não for primeiro no *bem-bão*, as coisas não começam a andar. Se estiver no *bem-bão*, você realiza lá fora, entendeu?

"Não vou ter paz quando as coisas se acalmarem. Vou me acalmar para gerar paz nas coisas."

Vamos inverter, pelo menos para você experimentar e ver como é que funciona direitinho. Já é assim a lei. Já está assim para vocês, para nós aqui do astral, para todo ser humano.

"Ah, mas eu quero, quero, eu quero ele para mim..." Se quer muito, então não vai ter. Finja que não quer. Se você quer muito a pessoa, finja que não quer. Nem estou precisando. É uma gracinha, mas nem estou precisando, entendeu, companheira? Porque, quanto mais quiser, menos terá. A aflição, a espera ansiosa, o querer aflito atrapalha tudo.

Querer a gente quer, porque o que é bom é bom, e a gente quer e nossa alma também. Não é só a mente que quer, a alma quer realizar, quer ser feliz, quer amar, ter progresso, sucesso. Tudo que a gente quer vem do espírito, aí está certo, são os anseios da alma. Agora, se começar a virar aflição, você já está entrando com uma negatividade no meio que vai atrapalhar.

Fale: "Não, aflição, não quero". Eu gosto de tudo, claro, e vou trabalhar para conseguir. Não vou me afligir, senão não vai funcionar. Não importa o tamanho do seu esforço. Às vezes rodam-se anos e não acontece, porque a aflição bloqueia. Eu sei que é um desafio, mas vai observando e você vai ver que eu tenho razão. É porque a gente tem que controlar e não gosta. Cabeça é como boca. A gente quer sempre aberta, não é? Não queremos o controle na boca. Ela quer comer tudo que quer, não é? Até cair todos os dentes, aí então precisa tomar sopa.

Primeiro eu fico bem, depois o bem vem. Primeiro eu fico em paz, depois as coisas entram no eixo. Primeiro fico na calma, na confiança do universo, aí ele começa a funcionar.

Você pode notar as coisas que vão bem na sua vida é porque de alguma forma está na paz, na confiança. Agora, nas coisas que não vão, que estão dando dor de cabeça, você está pelejando, tem aflição, medo. Você chama isso de responsabilidade. Não é responsabilidade, minha filha, é loucura.

Responsabilidade é saber que precisa fazer as coisas para ter as coisas, concorda? Ninguém precisa ser louco para fazer. Você pode fazer tudo com calma, com consciência, com tranquilidade, mesmo que tenha que fazer depressa, para sair direito e no tempo certo. Para fazer direito, tem que fazer com cabeça boa. Aflito, nada sai direito e muitas vezes precisa refazer e refazer.

Assim, é preciso pensar que, em tudo que você faz, o universo está sempre com você. Também não pode carregar tudo nas costas, como você vem carregando. Não precisa de tudo isso para fazer as coisas. E, se for menos dramático para carregar, os resultados vêm mais fáceis na sua mão.

Não fique aflito, tem solução para tudo, e, às vezes, a solução nem passa pela sua cabeça. Ela acontece lá fora. O universo resolve e, quando você percebe, tudo melhorou e você nem sabe por quê: "Olha, melhorou!" Escutei o Calunga e fiquei mais calmo, e aí começou a melhorar. Não sei o que ele fez. Não fui eu. Você é que foi ficando mais calmo aí dentro, ficou mais na confiança, na espiritualidade, ou qualquer coisa assim, aí começou a andar melhor.

O grande inimigo é o hábito que a gente tem de dramatizar. Vou dizer de novo. Dramatizar complica, machuca, faz sofrer. Primeiro, porque não devia estar dramatizando nada, pois você não tem uma vida para dramatizar. Segundo, tudo vai sempre bem quando você é alegre, despreocupada, quando está atenta, ali presente.

Não falei para você ser conformada com tudo, quieta e tonta. Falei só para ter bom humor, porque às vezes precisamos enfrentar os fatos com força, com segurança, encarar, não é? E você se encarou?

Em algum destes dias foi lá para o buraco do exu? Foi lá conversar com você? Quero ver se você realmente se põe em dia.

À medida que você se põe em dia, todo o resto vai entrando na sua ordem.

Hoje você vai se pôr em paz. Vou direto à pergunta. Qual é o assunto que mexe com você negativamente? Qual é o assunto que está afligindo você agora? Qual é o assunto que deixa você nervosa? Qual é a coisa que está pegando você recentemente?

Tome nota de tudo, não se esqueça de nada. Pense, companheira. É por causa dele, aquele nego safado? Você fala, fala, e o desgraçado nem aí?

Faça uma coisa, minha filha, acalme-se. Ponha fé no universo. Olhe, quando ele estiver perto e você pronta para pegá-lo pelo colarinho, vai fazer o seguinte: "Não vou ficar aflita com esse desgraçado. Vou confiar. Universo, este negócio aqui precisa melhorar, porque não vou mais lutar com isso, porque só estou ficando na aflição, e aflita fico ruim, minha mensagem não é passada, e eu não alcanço nada do que queria alcançar. Quero me poupar". Concorda, companheira? "Vou me poupar e deixar nas mãos do universo."

Olhe, não dou quinze minutos para ele ter os pensamentos que você queria. Ah, gostei da reação. Fiquei até assustada. Será que é isso mesmo, Calunga? Eu estou me bobeando em falar, falar, tentar explicar, para mostrar para esse pilantra que as coisas não são assim, não é verdade? Mas, minha nega, se não fosse pilantra, você não gostava. Se fosse normal, então... Mulher não gosta de homem normal, elas gostam de homem problemático, porque gostam de ser psicóloga de homem. Depois não aguentam porque o homem é complicado demais, ou então falam que é bobo.

Quando você está querendo passar alguma mensagem e percebe que vai brigar para passá-la, faça uma coisa. Cale a boca, segure. Eu sei que é difícil segurar a boca. Nessa hora do impulso, da vontade de lutar, de fazer, você dá um passo atrás, e diz: "Vou experimentar o que o Calunga ensinou. Universo, não vou lutar. Não tem mais condições, porque já fiz isso inúmeras vezes e não resolveu. Agora vou deixar você fazer. Vou fingir que não ouvi nada desse desgraçado. Vou fingir, vou ficar quieta. Largo, largo para você e vou ver como as coisas acontecerão daqui para a frente".

Você vai ver que daqui a pouco a criatura sente umas coisas, porque o universo vai lá ter com ele. Pode ser que se abra e traga situações que você nem suspeitava que ele sentia, de modo que você vai entender melhor com quem está vivendo, com quem está namorando, seja seu marido, seja seu filho, seja sua mãe, seja lá quem for, entendeu? Porque, quando a gente não quer fazer tudo à nossa maneira, quando a gente para e tira toda a aflição, abrimos caminho para o universo agir.

Daqui para a frente, use outra estratégia. Tem que saber guerrear neste mundo para vencer. Então, a gente larga e deixa o universo agir. Não vou mais me cansar.

Vou soltar, me abrir, deixar para o universo e ver o que acontece.

Não é que você está desistindo. Você está mudando de estratégia, percebendo que o universo trabalha, seja para esclarecer, caso esteja errado, seja até para mudar a cabeça do outro em relação ao assunto que queira que o outro compreenda.

Muitas vezes as pessoas se abrem umas para as outras, contam tudo; mas, quando percebem que você parou de jogar aflição nelas, elas saem se defendendo. Porque, quando você chega com toda a aflição, elas ficam na retaguarda. Se você se relaxar, elas saem da retaguarda, pois o universo começa a interferir na conversa, trabalhando interiormente, despertando na consciência, e começam a falar exatamente o que você precisa, ou passam a aceitar, a perceber, que você até vai levar um susto, vendo como as coisas ficaram claras.

Vocês gastam muita energia quando ficam aflitos com as coisas do dia a dia, quando não são como vocês imaginaram, quando acham que têm que consertar, fazer justiça, prevenir-se, ensinar, que têm que ser entendidos, que precisam conquistar as coisas, que têm que fazer direito.

Esse tipo de luta diária leva à aflição e nunca constrói nada. Só desgasta, acabando com o prazer de viver.

Quando a pessoa morre e chega aqui cheia de problemas, a primeira coisa é verificar a causa da aflição. Portanto, vá dentro de você, perceba o que lhe está afligindo e bote paz nessa aflição. Não vou ficar jogando energia negativa nesse assunto. Vou entrar na minha calma, na minha fé, porque tudo tem um jeito que não sou eu que dou, mas o universo. Não vou me desgastar. Neste momento não quero saber de nada.

Quero primeiro entrar na paz, para o universo agir, para ver como é que fica. Depois vejo o que vou fazer.

Agora não vou reagir mais assim, não vou ficar nervoso por causa do dinheiro, dos bens, nem por causa das pessoas. Não importa quem está envolvido na situação. Aflição, não, porque, se eu realmente quero fazer o bem, tenho que saber como ele é, e com aflição ninguém faz o bem. Só provoca mais agitação e negatividade para as coisas. Você quer um bem, uma coisa boa acontecendo ali, então faça o bem, e fazer o bem é entrar na paz.

Mas vem sempre aquela voz na cabeça: "Calunga, estou sendo muito passivo, me sinto irresponsável largando tudo". Já falei. Você não está largando. Está mudando de estratégia. Agora, não me entre no mesmo joguinho, pondo nas mãos do universo e ficar esperando ansiosamente para ver se dá certo. É entrar de novo na aflição, ou então, ficar aflito para não se afligir, ficar aflito querendo se controlar todo. Não, não é assim. Pense como eu:

Nada mais importa na vida do que eu me sentir bem.

Nada existe lá fora, senão a projeção de mim mesmo. O mais importante é eu estar bem. Não vou levar nada desse mundo mesmo. Então vou aproveitar e não ficar com essa coisa de construir algo, de ser isso, ser aquilo no mundo. Tudo isso é besteira.

Seja apenas para você. Construa para você. Usufrua sua construção. Tenha o prazer de realizar as coisas, porque ninguém mais trabalha aqui. Você só realiza, não é mesmo? Essa, vocês aprenderam bem.

Eu vou realizando as coisas, porque me dão uma série de sensações de realização, de envolvimento, de aventura. Em tudo que me envolvo, quero que seja sem aflição. Faço porque é prazeroso, sem drama. Relaxe do drama, relaxe daquele assunto. Deixe criar condição boa para o bem seguir naquele assunto. Se estou no bem em relação ao assunto, estou colocando-o no caminho certo. Está tudo dentro de mim. Não me aflijo com o que está fora.

"Ai, o que devo fazer se acontecer aquilo? Preciso ter uma solução até o fim da semana."

Assim só complica ainda mais. Então, não vou me afligir, porque o mundo não vai acabar. Além do mais, já estou consciente da lei. Vou relaxar a postura para uma nova conduta. Deixe-me criar minha paz, minha calma, minha certeza, que já, já, o destino disso aqui começa a clarear.

É o meu novo modo de ajudar a vida a fazer as coisas. Eu não parei, não fiquei passivo. Tomei atitudes prósperas. Eu não fiquei indiferente. Fiquei consciente, não como os homens, mas alguém que é espiritualista e conhece a lei de um milhão de euros. Eu investi um milhão de euros.

Ah, agora estou gostando! Ao investir um milhão, a energia para no ar, no astral. As negatividades começam a se desprender. Mesmo porque você está aqui comigo de boa vontade.

Então, você vai dizer: "Paz". Paz para andar por um caminho melhor. Aí a coisa vai começar a caminhar lá fora também, seja seu relacionamento amoroso, seu relacionamento sexual. Vocês têm muita aflição com relação a sexo, com relação a afeto. Têm uma vida às vezes muito ruim nessas áreas, por causa das aflições, por causa do medo.

Medo é uma porcaria, porque ele está sempre pondo aflição na gente. O medo é dramatização, é malvadeza, é crer no mal. O que é que mais produz aflição? Os medos.

Então, diga: "Pare. Isso é aflição e está pondo mais coisa ruim no fato. Não! Deixe eu pensar numa coisa boa agora".

Nessa hora, a cabeça entra em cena e insiste perguntando se você não é realista. Não! Essa realidade não me interessa. Quero ajudar com minha força e meu poder. Quero ajudar o universo em mim a gerar uma situação melhor. Eu me recuso e vou entrar na minha paz. O universo me sustenta a cada instante. Repita essas frases constantemente:

O universo me sustenta a cada instante.

"O universo me provê de tudo, está cuidando de tudo, na medida da minha ação, e minha ação agora é paz e eu sou da confiança."

Se estou aqui, quem me manteve até agora vai me manter para sempre.

Novamente vem à cabeça: "É, mas você pode sofrer amanhã". Cabeça, eu não estou no amanhã, por que está me dizendo que posso vir a sofrer? Por que você quer antecipar uma coisa negativa? Xô, daqui! Não quero isso, não. Isso é hábito de gente preocupada. E eu não quero esses hábitos mais. Posso ser completamente feliz.

Se aceitar que você pode estar do lado só das coisas boas, sua vida pode fluir sempre bem. Não quer dizer que ela vai ficar parada e morna, mas simplesmente porque as coisas podem se desenvolver sempre muito bem. Às vezes pode não seguir exatamente o que você sonhou, mas vai seguindo as possibilidades.

É muito bom ficar aberto para as possibilidades que o universo vai criando. O universo só quer criar coisa boa, principalmente se você estiver no bem e não nessa aflição. Agora, se a aflição ficar muito forte, automática, ele vai gerando uma série de distorções. Então, você vai vivendo situação difícil, de encrenca, de sustos e uma porção de outras coisas ruins.

Você, com a sabedoria, vai ficar na calma. Caso contrário, vai para o fundo do poço e lá vai ver que não tem jeito. Não espere chegar ao fundo do poço para agir. Comece a largar agora, já, para ver como tudo começa a melhorar. Largue suas aflições.

Vocês se impressionam e estranham com qualquer sensação diferente. Se sentem uma sensação diferente à noite, estranham; se têm um sonho esquisito, impressionam-se; se têm uma cócega no dente, ai meu Deus, nunca vi isso! Será que estou com uma doença? Sempre vão para o pior.

Se puderem pegar um defunto descolado como eu, têm uma lista de perguntas. E as perguntas têm que ter explicação. Aí, tenho que fazer vocês entenderem, que é a coisa mais complicada do mundo. Porque, ao mesmo tempo que têm a curiosidade de saber, têm o medo de conhecer a verdade, porque a verdade pode não ser a que sonharam. Ou a verdade pode tirar vocês da segurança, pois vocês têm uma porção de sonhos ilusórios. Mesmo que bateram muito a cabeça, acham que é seguro ser assim. Agarram aquela ideia, que dá uma sensação de segurança, como no namoro, não é? Ele é meu. Dá uma sensação de segurança, não dá? Mas ele não é seu. Quando você descobre a verdade, fica um nervo só.

A gente segura uma porção de ideias que dificultam muito. Mas vai aprendendo que o segredo da boa segurança é contar com o universo, sabendo que ele funciona a partir dessa confiança, dessa ausência do drama, entendeu, companheira? Será que você vai conseguir mesmo?

Será que você vai mesmo conseguir não ser mais dramática? Relaxe, que você precisa ser mais safada. Quando você quer ser muito certa, dá tudo errado, já reparou? Agora, quando você fica despreocupada, fazendo as coisas, assim do seu jeito, cantarolando, tudo dá certo.

Quanto mais tensão, maior a aflição. Quanto mais aflição, mais você fica fechada. Quanto mais fica fechada, mais você fecha as portas. Se você vagabundeia, despreocupa, tira a tensão, aí tudo está aberto para fluir direito.

Você está compreendendo, por isso fica envergonhada. Isso não é interessante. Emoção exagerada também não é. Não é viver gritando como você grita, exagerando as coisas até chorar. Isso é desequilíbrio, entendeu? Nada merece muito, tudo merece médio, como vocês falam hoje, tudo é médio, querem dizer, equilibrado, não é? Fica fria! Nada é muito.

Se o "ai" é muito grande, pode parar que está fingindo. Menos, menos. Se você achar ele muito lindo, pode parar, vai ao oftalmologista que você não está bem da vista. Está vendo com a imaginação, não está olhando para ele mesmo. Não quer dizer que não é interessante, mas precisa fazer todo esse escândalo? Mas a mente faz, não é?

"Aaaai" que parece que é tudo. Depois de um tempo se arrepende, quer matar a pessoa porque não é tudo aquilo.

Aí, a culpa é sua, cega, surda. Olhe, quando conversar, escute os outros.

Agora vou falar tudo que os guias estão mandando falar. Por favor, não fiquem bravos comigo. Quando você conversa, fala com sua cabeça e não com as pessoas. Repare. Já imagina o que a pessoa pensa, o que a pessoa é, e vai falando sem parar. Sabe, quando dispara, é um inferno, ninguém aguenta você.

Vou ser mal-educado agora, mas com boa intenção. Você fala com aquilo que você tem na cabeça sobre a pessoa e, muitas vezes, nem fala com ela. Você fala com seus pensamentos. Eu nem pedi explicação e você já vem explicando. Por quê? Quem é que está pedindo explicação? Deve ser alguma coisa na sua cabeça, não é verdade?

É um problema ver duas pessoas conversando e quase nenhuma conversa, mesmo que fiquem falando até às cinco da manhã. Não conversam porque falam com seus pensamentos. Não dialogam de verdade.

As pessoas da sua casa não são o que você pensa que são. Você acha que sabe tudo, que a melhor pessoa daquela casa é você, a mais lúcida. Mentira! Não, o guia falou: "Fale para ela da casa dela", então estou falando. Pense menos e escute mais. Vem daí a aflição. Não queira corrigir todo mundo. Você sempre está querendo corrigir as pessoas. Alguém fala uma coisa e você já quer dizer o que ela deve fazer a vida inteira. Se deixar, ainda pede para tomar nota da lista de coisas que o outro tem que fazer.

Vocês estão a fim do quê? Vocês todos arrumam é a vida dos outros, não é? Mas a de vocês fica devendo, não é?

Minha filha, pare de se afligir. Se a pessoa chegar contando as coisas, é só porque ela está querendo contar. Ignore. Não vai logo pegando, tendo que dar uma explicação metafísica, tendo que dar um conselho espiritual. Calma, ela não pediu nada, só está conversando, entendeu? E ela que é psicóloga, então, é uma coisa! É só lá no serviço, fora do serviço não, não é? E ainda tem que pagar para receber seus conselhos, senão não interessa, não é verdade?

As pessoas são assim, falam, falam. E quem fala assim com a mão, tome cuidado porque está enrolando você. Vocês precisam escutar o corpo de quem está falando, escutar o movimento, porque o corpo não mente. Precisam ouvir o outro. Vocês estão habituados a escutar a cabeça de vocês, por isso se afligem. É que vocês têm uma posição a manter, um personagem, não é mesmo? Qual é o personagem que vocês desempenham o dia inteiro, hein? Cada um tem um personagem que inventou para representar o dia inteiro.

Qual é o seu, companheira? A tonta? Não, a cheia de compromissos? A mulher-tarefa? A luz do caminho na família? A cabeça gênio que ninguém consegue entender? A única que pensa como é que é o certo? Tudo tem que ser certinho, não é? E você, meu filho? Fica rapidinho inseguro, nervoso? É um personagem que você veste porque você não é disso. Olhe, o que você já fez, até Deus duvida!

Pode fazer o personagem que achar que deve, mas não acredite, está bem? Tal personagem não fica bem em você que é meio atrapalhado. É melhor mudar o estilo e fazer o alegre, porque o alegre cai melhor em você. Sempre alegrando, sempre falando bobagem, sempre contando piada, o povo gosta, sempre lhe dá um carinho, uma atenção.

Vamos procurar um personagem melhorzinho, entendeu? Essa coisa de freira na família esclarecendo a todos, essa enfermeira de grupo, não é um serviço bom, porque você sempre acaba pegando todas as cargas.

Como você é absorvente, absorve todo mundo com suas cargas. Absorve todo mundo que fala em volta de você. É a esponja da família, a mulher-esponja, amarelinha e verde.

Meu menino (Gasparetto) gosta de lavar a louça e eu fico só observando. Essa esponja puxa tudo quanto é porcaria, como aquela que você passa assim para limpar o chão.

Não tem na cozinha aquela amarelinha e verde que você passa para limpar toda a sujeira em volta e ficar bom? Depois que passa a esponja com o sabão, ele vai com o paninho, limpa, limpa, porque ele gosta de tudo muito limpo. Então, você é assim, esse complexo de esponja de cozinha.

Bem, você quer cair muito na vida? Eu sei muito bem o que é cair muito, descer lá embaixo, depois disso só o pano de chão. Mas não precisa cair tanto. É só largar o personagem, porque é um personagem de aflição gratuita que já lê problema, que quer se sentir útil para ser valorizada, aí pega tudo, a boa, a útil, é um desequilíbrio total.

Têm coisas, fatos, que nos vêm da vida em que precisamos ajudar. Por exemplo, se alguém se machuca, desmaia, tem um ataque cardíaco na sua frente, você não vai deixar de socorrer. Vai chamar a emergência. Não é isso que estou dizendo sobre não absorver. O que estou dizendo é essa coisa gratuita de absorver, como essa mania que todo mundo tem no Brasil de se queixar. Esse povo da queixa é vampiro.

Preciso dizer uma coisa: tome cuidado com os vampiros. O Brasil está repleto de vampiros, os coitados, as vítimas. Eles descobrem quem é esponja e vão lá descarregar toda a sujeira que têm, e vocês ficam descadeirados.

Olha, esse tipo de bondade não é bom. Temos que ter uma bondade que é boa. Agora, uma bondade que prejudica não pode, não está certo, não funciona, e você só tem a perder com isso.

Se for para escolher, prefiro ser alegre.

O povo é assim mesmo, chega e descarrega. Quando você vê, está cheio de tarefa que não é sua, correndo para todo mundo, e suas coisas ficam emperradas no meio do caminho. Então, você engorda, engorda e faz dieta, engorda e faz dieta. Toda pessoa gorda é porque absorve a porcariada do ambiente.

Algumas pessoas conseguem absorver e trabalhar isso, mas têm outras que não, assim vai ficando tudo nela. Depende da personalidade de cada um. Quem não consegue vai carregando, carregando, fica ruim, depressiva, mal, e as coisas dela não andam, entenderam?

Para as coisas andarem, gente, tem que estar soltinho dessas porcarias. Vamos disciplinar, vamos prestar atenção. Vou ensinar. Você faz assim: quando perceber que está indo, pergunte: "Se eu vou, por que essa pessoa não pode fazer sozinha? Esse negócio não é dela? Por que estou pegando? Ou, se vou pegar isso o que eu vou pagar? O que vou deixar de lado para ter que fazer para os outros?"

Aí você tem que pegar o touro à unha. Assim com as duas unhas que nem matar pulga. Não, minha filha. Têm coisas na vida que é um vício. A gente não percebe. É que você pegou da sua mãe e foi indo. Como têm várias na sua família, você fez igual. Sua mãe quer vir, aí vêm suas tias, todos querem ficar em sua volta. E elas gostam de ficar doente nessa idade. É um hábito também. Não é verdadeiro, é só um hábito. Elas duram oitenta anos, mas doentes. E aí, quem vai ficar cuidando? A trouxa, a esponja verde e amarelinha da cozinha.

Então, você faz assim: pegue uma esponja daquelas e põe no seu quarto. Todo dia, quando se levantar, você vai ver aquela esponja pregada no espelho, não pendurada, pregada no espelho, que é para incomodar e se lembrar dela. "O Calunga me falou da esponja e eu tenho que prestar mais atenção, dar um jeito, não ser esponja das coisas dos outros."

Não pode, minha gente. Conforme vai juntando os detritos das pessoas, vai acumulando e você vai ficando com uma coisa muito ruim. Vai criando muita coisa ruim. Os caminhos vão se fechando e vão só para as coisas ruins. Aí vêm as doenças.

Já estou até vendo você com setenta anos, gorda, imensa, tudo murcho, com os peitos lá embaixo, machucada, com as pernas cheias de varizes, com aquelas olheiras fundas, só sofrendo, sofrendo, atrás de um e de outro, preocupada, entendeu?

Aí os filhos saem pelo mundo afora, arranjam filhos e trazem para você criar, jogam tudo ali. Querem vender a casa para pegar a parte deles enquanto você ainda estiver viva. E você vai ver o inferno que vai ficar. Homem nenhum vai querer saber de você. Quem vai querer um trapo?

Conhecem essas mulheres, não é? Têm muitos exemplares na família, não têm? É para lá que você vai se continuar assim. Vocês têm a ilusão de que são modernas, mas estão fazendo igual. São modernas só para certas coisas, como estudar, trabalhar. Mas será que não estão seguindo a mesma cartilha que elas com pequenas variações? Também vocês, homens, vejam lá o que estão aprontando consigo. Esponja, não.

Então, não vamos absorver. Veja como você está inchada. Absorve tanta coisa. É no serviço que você absorve? Por que tem que absorver tudo à sua volta? Por que tem que ser a dona do pedaço? Olhe, você está proibida até de rezar pelo emprego. Não me reze para o emprego, não me reze para ninguém. Não absorva.

Faça direito, mas não vá absorver todo mundo. Depois você cai e quem vai perder posicionamento é você, como já aconteceu, entende o que estou falando? Foi seu guia que falou, então estou fofocando. Passado o recado?

Não pode absorver o mundo. Já chega sua aflição que tem que controlar, ainda vai pegar a aflição do ambiente? Pois é, minha filha, esta é a hora, porque, quando você vê, já morreu ou está na UTI. Quando você vê, está um bagulho enorme, cheia de problemas no coração. Quando você vê, sua vida já se foi.

Então, pense. Eu sei que você não faz de propósito, mas é a vontade de ajudar, vontade sincera, porque vejo que você se empenha muito e recebe muito pouco de volta, não é isso? E você fica infeliz por isso, não fica? Você pediu a Deus que queria uma resposta e eu estou dando. Toda pergunta vai ser respondida, entendeu? Hein, absorvente? Aqui tem uma porção de absorventes.

Quando a gente larga e vem aquele pensamento contrário, vem aquele bicho. Ah, vem. Viiixi! Meu Deus! Tem um bicho e ela conhece o bicho.

Você conhece o bicho? Quando você tenta largar, vem o bicho em cima de você, o bicho dramalhão, não é? Nessa hora você dá um pulo para trás, pega o chicote: "Sai, feio, desgraçado, que eu estou te vendo! Xô daqui, diabo!" Entendeu? Pegue a cruz então, minha filha, se você já conhece, já sabe que ele ataca, enfrenta.

"O que é, o que é? Qual é a sua? Vai começar a fazer aquele discurso que eu já cansei de ouvir na minha cabeça? Está pensando o quê? Eu sou nega, eu sou safada, você não me pega mais, não!" Fala que ele para. Se você enfrentar de cara o monstro, bem brava, finge, ele acredita, ele é bobo e acaba cedendo. Afinal de contas, é uma ilusão que você mesma criou, não é? Cheia dos pensamentos da mãe.

Você se lembra de como ela era apavorada, gritona, louca, escandalosa, lembra-se dela, não lembra? Bastante, não é, minha filha? O duro é esquecer.

Essas coisas, a gente aprende com a mãe, com o pai, com a tia, com a avó, depois vai fazendo automaticamente sem perceber. Só que isso vai arruinando a vida da gente. Não percebemos que essas atitudes vão emperrando nossos caminhos. Claro que não fizeram isso por maldade, mas é mal.

Então, você, agora, inteligente e espiritualista que é, fale: "Não, eu não vou ficar aflita com nada, porque senão vou me prejudicar. Agora estou na estratégia do universo que aprendi com o Calunga. Estou testando. Não, bicho. Hoje eu estou de férias, passa outro dia".

Quando você brinca com as situações, elas perdem a força.

Quando leva a sério o medo, a preocupação, aquelas vozes da cabeça vão se fortificando cada vez mais. Chega uma hora que elas atacam você no meio de uma situação em que você não está com clareza para reagir, então não vai conseguir. Aí você fica brava porque não conseguiu e ainda vai se culpar porque falhou.

Se você não rir, ninguém vai ver que tem gente aí. Então, faça o favor de rir. Vamos pensar: "Não quero queixa de monstro na cabeça".

Ninguém é mais forte que eu em mim.

Ninguém é mais forte que eu em mim.

Essas forças que vêm na mente são o que vocês vão ter que enfrentar. São as mesmas de sempre. Não é novidade, é? E você sempre se comporta igual.

Quando é que você vai quebrar um pouco o hábito e dizer: "Ah, hoje não!" Cabeça, hoje sem medo quando a freirinha atacar. Você que fica freirinha para todo mundo, não, hoje não. Hoje é o dia da libertina. Vou pôr vermelho, ficar uma mulher esquisita, mas a freirinha, não.

Brinque e a coisa não pega você, porque você fala bobagem. Brinque com a coisa, fale abobrinha, fale besteira, porque o mais difícil, companheira, vou dizer seu problema hoje. Seu problema é levar você muito a sério. Você leva muito a sério tudo que lhe dizem. Ai, meu Deus! Como você já sofreu com tudo que lhe dizem, diz o seu guia. Diga: "Dramática e boba não quero mais, acabou. Sou inteligente, então não vou me levar muito a sério. Ah, até o fim do mês vou decidir sobre esse drama todo".

Para que esperar o fim do mês? E se você se perder no buraco cósmico, for absorvida por um tempo qualquer, por um extraterrestre e viver em outro tempo, como é que vai ser? Então, pelo menos largue o drama. Vocês acham que ter drama é um estilo de vida.

Gente, drama só se faz para enganar os outros, como para alguém vir fazer o seu serviço. Pode fazer um dramalhão, mas não se encante com aquilo. Já sabe, você só funciona quando está safada, coisa que você está sendo cada vez menos porque resolveu tomar juízo. Por isso que as coisas pioraram.

Está tudo errado. Alegria é fundamental! Não levem tudo tão a sério, para nunca terem juízo. Falem: "Nunca terei juízo". Outra vez: "Nunca terei juízo".

O que vocês chamam de juízo é ir para um poço trágico. Isso não é esperteza para viver. Isso é entrar na negatividade, no dramalhão, na aflição, e as coisas não acontecem. Portanto, não levem tudo tão a sério, assim nós temos permissão para suavizar esses dramalhões na vida de vocês.

Olhe, vou dizer uma coisa. Pelo amor de Deus, não comecem a contar aquela história da sua infância! Nunca mais, porque a explicação que vocês dão para os problemas da vida são tão pobres... Como vocês dizem aí, fajutas.

Drama, não. Aflição, não. Olhe, você largando essas coisas, vai ficando bem. Ficar bem é uma disposição.

Você se dispõe a ficar bem?

Ficar bem é um conjunto de atitudes que ao todo vão fazendo você acreditar que o bem é real.

Tudo de drama na vida de vocês, família dramática, filosofia de vida dramática, vem do fato de terem na consciência que o mal é mais real que o bem, assim como o medo desse mal. Como a sociedade está baseada nisso, nós levamos uma vida cheia de dificuldade, num país que é só beleza, que é uma bênção da criação divina.

Ora, um pouco de crença diferente vai alimentando as forças espirituais para criar um mundo melhor. O universo quer suprir tudo para nós e tem essas condições, embora ele execute o mundo externo de acordo com nossa situação do mundo interno, como expliquei.

Quanto mais você combater suas aflições, mais sua vida vai entrando nos eixos.

Primeiro de tudo terá uma saúde muito grande, sem aflição, sem estresse, sem nervosismo, sem tensão excessiva. Uma certa tensão é até saudável ter, por exemplo, você levanta, vai dirigir o carro, tem uma certa tensão. Não vai dirigir toda mole. Tem que prestar atenção no que está fazendo, não é verdade? Não é aquela tensão dolorida, histérica, brigando com todo sem-vergonha que passar na sua frente. Tem uma hora que você tem que chegar às vias de fato. Se eu for dirigir numa cidade como Rio ou São Paulo, preciso de uma cabeça boa, concorda? Senão eu me arrebento todo.

Eu preciso fazer. Pode ser que não goste. Pode ser que eu veja uma porção de coisas erradas. Pode ser que muita coisa não esteja boa. Pode ser que o prefeito não seja bom. Pode ser até que tenha fundamento. Só que não resolve a sua situação na hora nem lhe faz bem, e mais, tem que pagar o preço da tensão que você está criando. Essa tensão, essa coisa negativa, gera energia negativa em toda sua vida, fazendo isso e aquilo acontecer errado. Aí você não sabe por que acontece isso e aquilo.

O de dentro provoca o de fora. Cada um tem seu ponto fraco que vai ter que superar. É rápido pegar o touro à unha, como disse antes. Se ela pegar a esponja e pregar, e realmente se empenhar só nisso, não precisa fazer mais nada. Em menos de uma semana você vai estar outra, sentindo-se leve e desinchada. Vai sentir que certas coisas vão se desembaraçar sozinhas, vai sentir mais gosto das coisas, até da comida, vai sentir que teve um alívio muito bom.

Espere um pouquinho, vou falar uma coisa para ela. Venha cá: Olhe, esponja, é assim: se você vai ficar aliviada, vai, mas não sei se você vai querer ficar aliviada. Veja bem, o alívio acontece realmente, mas será que você vai se sentir confortável aliviada? Porque já está habituada a não sentir alívio. Veja como é que está isso, companheiro. Assim é o seu modo, o seu personagem que você encara a vida, o homem que faz, o homem que é sério, objetivo, é um personagem. Será que seu personagem vai deixar você usufruir o alívio, ou logo vai estragar arrumando um problema para resolver?

"Seu Calunga, eu fiz tudo e me senti muito bem, mas sabe, tem um negócio..." E vai pegar um negócio, e eu não posso nem xingar porque sou mentor de luz. Às vezes tenho vontade de fazer como eu era antigamente, exu bravo, ruim, e agora não posso. Então, a pessoa vai procurar aquela coisinha que ainda não está boa da mãe dele, nem é dela, vai pegar aquela coisinha para infernizar a vida e ter uma aflição. Por que ela não se permite ser feliz?

Vocês têm problema de ser feliz. Não é porque as coisas não são boas. É que vocês não permitem. Aprenderam a ter medo de felicidade, isso que é o pior. Trabalham, trabalham e depois não podem ser felizes.

É tão bom ser feliz.

Gente, mas é uma vida ruim essa! A pessoa tem tudo para se sentir feliz e muitas vezes paga um preço de coisa grande para chegar e ter. Quando chega, já fica nervosa. Iiiiiih... Estou feliz! Que coisa estranha! É hora de começar a ver os problemas dos outros. Cadê a coitada da minha mãe? Ela precisa de mim, porque a doença dela... Vou lá perguntar para seu Calunga...

Você nem pense! Deixe de ser uma esponja senão vai ficar desse tamanho. E não adianta lipoaspiração.

E quando a gente não é mais esponja e ainda é gordinha? Não é esponja de quem? De quem você era e é agora? Como é que você lida com as coisas erradas em volta de você? Você não para um minuto. Relaxe.

Não estou aflito no mundo. O mundo é assim mesmo e eu estou aqui para me divertir.

Isso.

"Vim aqui para passear."

Isso.

"Ah, não vou mais ser como meus pais. Vou ter menos juízo."

Isso.

"Agora não vou absorver os outros, não vou querer ficar ajudando as pessoas com conselhos. Não vou ter aflição nessa semana e ver o que acontece com o meu corpo. Não vou ter aflição com nada, nada."

Você vai ver como você murcha. Aguarde que você vai ver. Tenho certeza do que eu falo.

Vamos lá, minha gente. Vamos fazer nosso exercício interior para organizar o pensamento e colocar o que estamos sentindo e vendo dentro de nós.

O momento é o poder. O ontem não tem poder, porque o hoje corta o ontem. Quando tudo o que fez, você muda hoje, está mudando toda a história e aquilo que ia provocar amanhã, não provocará mais. Tudo muda. O poder da mudança, o poder da ação é sempre no agora.

Hoje eu anulo o ontem e reconstruo o amanhã.

Sinta-se sempre no meio. Atrás o passado, na frente o futuro, e você aqui. Sinta-se comigo aqui. Não importa o passado se eu não quiser que ele importe. Se você der importância, levar a sério, quiser carregar, valorizar, quiser continuar carregando aquela visão, tudo aquilo que você fez, tudo terá vida, porque agora você está dando vida.

Mas, da mesma maneira que você dá vida, também pode tirar. O passado não tem forças mais sobre mim. Quem fui na infância, como cresci, em que família vivi, o que aprendi, tudo pode ser mudado, tudo pode ser revisto.

Eu posso ser uma outra pessoa em muitos aspectos, aprender muito com quem sabe e me transformar. Agora minha inteligência está crescendo. Estou lendo, estudando, fazendo, vivendo com a espiritualidade, e agora vou determinando outras verdades para mim que vão escrever o meu daqui a pouco, que também vão escrever o meu amanhã.

Deus é uma força constante do presente. Ele cria e Se recria constantemente. A certeza não está na constância da igualdade, porque no universo não há nada igual. A certeza está na constância, e a constância divina é recriar o presente sempre novo, sempre se expandindo, sempre se transformando, sempre na segurança, mas sempre diferente. A igualdade não vai lhe dar a segurança. A mesmice não vai lhe dar a segurança. Os pensamentos e as ideias não vão lhe dar segurança, apenas a percepção da constante mudança.

A constância do caminho de tudo que caminha é que lhe dá a disponibilidade de caminhar com as coisas, e aí, então, você tem a segurança. A segurança vem da flexibilidade de caminhar com todas as coisas. Eu sou flexível, eu caminho com o meu agora. Pense assim:

Eu sou flexível, eu olho para este agora, eu revejo, eu ajo, eu penso, eu sinto, eu escolho, eu mantenho ou não mantenho, eu afirmo ou nego, eu é que existo constantemente nas transformações da vida.

O futuro não existe. É apenas o que poderá ser diante do que ainda assumo, mas, se resolver fazer mudanças agora, com certeza mudarei o futuro para melhor. Tudo depende da minha mudança.

Neste instante eu me acalmo das aflições, eu resolvo perder o hábito da aflição. Quando isso se completará, eu não sei. O que me importa agora é a decisão de começar a transformá-las para encher minha vida de prazer, paz e realizações. Eu me descompromisso de ser como os outros da minha família, ou ser igual a todos desta cidade, deste Brasil. Em muitos aspectos vou fazer a diferença de propósito, e de propósito vou calar o apoio que dava às aflições. Eu não apoio nenhuma aflição, eu não apoio medos, eu não apoio expectativas, eu não apoio preocupações, eu não apoio nenhum drama, eu não apoio vitimismo, eu não apoio essas atitudes em mim. Há algo melhor a fazer no lugar.

Há algo como a confiança, há algo como a certeza do universo trabalhando nessa confiança que em mim e em tudo milhões de forças se manifestam no estado da confiança, cooperando com tudo o que faço, de forma positiva. Tudo trabalha para o meu bem quando estou no verdadeiro bem.

O verdadeiro bem é o prazer, é a calma, é a paz, é a confiança. O verdadeiro bem é a inteligência dinâmica a serviço da funcionalidade.

Vocês definem o bem como a caridade, o bem para o próximo. Não é assim que o universo define. O universo define o bem melhor com aquilo que funciona melhor, aquilo que traz saúde e progresso para os propósitos da vida.

Então, eu me permito não mais alimentar aflições, nem conversas inúteis e aflitivas, nem apoiar os outros em suas aflições. Prefiro me calar a apoiar alguém na aflição. Não vou consolar ninguém, não vou assumir a dor de ninguém, não vou me afligir por ninguém.

O ato da ajuda não é por aí. O ato da ajuda consiste na minha paz e confiança no bem, fazendo com que eu possa influenciar melhor a pessoa que quiser ser influenciada. Caso contrário, ela que resolva o destino dela. Eu não sou dono do destino de ninguém, nem sou eu que tenho que mudá-lo para ninguém.

Quando me calo, na verdade, é quando a pessoa mais me escuta. Não me aflijo em explicar, não me aflijo em doutrinar, em avisar, em salvar. Eu confio na ação do bem que me dará oportunidade de uma atuação boa com a pessoa, na medida da necessidade dela e quando for propício. Eu não brigo com a vida, prefiro viver a vida.

Eu fluo com a vida. O universo me sustenta e eu fluo com ele na certeza do melhor.

Agora relaxo em cada assunto, e apenas acrescento confiança no universo. Eu relaxo porque estou confiando e, se estou confiando, ele está funcionando.

Dê-se a oportunidade de perceber como essa é uma lei maravilhosa que vai deixar de cansá-lo, de machucá-lo e fará seus dias melhores.

Nunca mais se esqueça: você aprendeu que o universo trabalha incessantemente para o seu melhor, se você permitir. Pois então, eu permito agora. Agora é onde está meu poder, pois meu maior poder está na certeza do universo e no sentimento de paz. Não a paz de paciência, mas a paz da certeza da melhor estratégia.

Não se desgaste. Use os poderes do universo que estão conectados com você. Essa é uma mensagem moderna, muito moderna. O povo do mundo está devagarzinho começando a aprender. Tudo que a gente aprende aqui é muito, muito, moderno. Só há poucos anos nós tivemos ordem de começar a divulgar essas ideias no planeta, de forma popular. É a nova espiritualidade nascendo. É a nova visão para todos que querem independência e conhecimento.

Com o tempo, a Terra deixará de ser um planeta de sofrimento, para ser um planeta de realizações. Está quase na hora. Portanto, não se aflija com o momento moderno. Milhões e milhões de respostas aparecerão na hora exata.

O século 20 foi um século aflitivo, com medo de tudo, de bomba atômica, de armas biológicas. No entanto, vocês estão todos aí, com tudo melhorando. O século 21 vai continuar no mesmo estilo, até que os homens se deem conta das leis do espírito.

Nasce o terceiro milênio que é o milênio da espiritualidade, da consciência do espírito, da vida após a morte. Surgirão novas ciências, novos estudos. Vivemos o agora porque nosso agora é a possibilidade, e o prazer de estarmos vivos.

Ser feliz é uma opção de vida, não depende de nada.
Você confia no invisível? É, minha filha? Está aí com você. Já se mostrou muitas vezes, tanta ajuda que você já teve. Está aí vivendo com o quê? Com o invisível, que está sustentando você. Vai confiar em quem?

Tudo que a gente vê é meio enganoso, temporário.

O que é permanente, o que não muda, é a presença da força da vida em nós.

Ela nos mantém vivos eternamente. Então vamos nos lembrar disso para ter segurança. É a segurança do universo conosco. Já falei da presença do universo para a gente lidar com as aflições.

Quando se está mais confiante no universo, as coisas parecem que andam, não é?

As coisas começam a andar, é isso. Então, você deve notar à medida que vai fazendo, vai vendo o que acontece, pois, se é verdade, tem que funcionar. Porque o que interessa é o que funciona. Esse negócio de espiritualista, esse povo é muito espiritualista de falar, falar, bater no peito e tudo.

Na hora H, quero ver a vida funcionar. O que vocês chamam de espiritualismo são os conhecimentos que ajudam a viver melhor, a ver as coisas mais profundamente, mais claras. Se não estiver ocorrendo isso daí, então tudo que estão aprendendo não serve para nada. Porque o desafio é o dia inteiro, não é?

Consegue confiar no invisível? Acabou com aquelas aflições com os escândalos na sua casa? Assim vamos melhorando, minha gente. Eu vou falando e vocês vão praticando. Agora vamos pensar num assunto muito sério. Olhe, é muito comprido e muito sério, mas não é sério para fazer cara feia. Não comece a ficar muito séria, está bem? Então, nós vamos falar de ser feliz, você quer?

Não acredito que você queira. Porque vou falar, a gente quer assim, assim, a gente gostaria de não sei o quê para ser feliz. Se você verificar a felicidade, se quiser mesmo ser feliz, terá que fazer uma opção de vida. Porque a felicidade é uma decisão do tipo: "Eu quero ser feliz, e acabou".

Vocês não pensam assim. Vocês pensam: "Quem sabe um dia, Calunga, eu seja feliz". Não, não. Assim nunca vai chegar. Tem que ser no agora. O poder está no presente.

Eu sou feliz.

Aliás, nem quero que vocês tomem a decisão agora, porque é uma decisão tão séria que vai mexer muito na sua vida, e é fundamental que estejam querendo. Tudo que vocês tiveram na vida precisaram do empenho para chegar. Para ter felicidade, é a mesma coisa, só que antes precisam aprender umas coisas. Primeiramente, têm que desamarrar. Desamarrar a felicidade de tudo.

Vamos começar com a ideia de que não sei se você vai querer ser feliz.

"Sabe, Calunga, eu, para ser feliz, queria paz no lar." Pode desamarrar da paz do lar, porque você sabe que com quem mora nunca vai ter paz mesmo. Você já está lá faz tanto tempo.

"Ah, para eu ser feliz, não pode haver nenhum problema na vida." Pode largar, porque vai vir mesmo. É uma coisinha hoje, outra amanhã... Se não tem, você arranja. Telefona para a colega para ajudar nos problemas dela. Adianta? Não.

Então, para ser feliz, não pode estar amarrado num problema seu, muito menos no dos outros. E, se for problema de família, nem me fale. Desamarre já. Se for de filho, se for do marido, da esposa, Deus que me perdoe! Desamarre já, porque, ah, quando ele ficar bem, quando ela ficar bem, porque ele, porque ela.

Depende dos outros? Não, minha gente. E se ela nunca mais voltar a ficar bem, porque ela é louca, pode tender a piorar, como é que vai ser? Não pode ser na dependência. É, ela era magrinha depois ficou assim. E vai tender a piorar, sabe como é a idade? Então, não pode amarrar sua felicidade no estar bem dos outros, que não vai dar certo. Ah, mas no dia em que eu tiver dinheiro... Viiixi! Do jeito que você anda azarado... Melhor não amarrar aí. Está só dando para o gasto e olhe lá.

Você não vão tomar esse compromisso com a felicidade. Está proibido. Nós vamos estudar a situação, ver se ela convém, porque, depois que tomou, não me vão fazer papelão. Saiba que Deus está olhando, e nós também ficamos todos observando para ver se vão mesmo. Então, se você tomar a decisão: "Eu quero ser feliz de verdade", precisa desamarrar de tudo.

Vamos ver se você consegue desamarrar um pouquinho, só para ver como é que se sente.

Você pensa assim: "Não depende do amanhã ir deste ou daquele jeito. Não depende da felicidade dos meus filhos, do bem-estar deles, não depende do meu relacionamento afetivo, não depende da minha carreira estar ou não prosperando. Não depende se vai chover, se vai cair dilúvio, se vai fazer sol. Não depende se eu conseguir emagrecer, não depende se eu conseguir curar da minha doença, não depende de nada".

Tente, tente, eu sei que você tem seus planos para trabalhar, para conseguir as coisas, para depois ficar feliz, mas eu tenho essa notícia que trouxe da eternidade, que assim não vai dar certo. Milhares de pessoas na sua frente já tentaram e não deu. Todos se arrependeram. Não faça a mesma coisa. É bom ser defunto porque a gente vê tudo. É melhor você soltar. Experimente soltar. Não depende de nada. Claro, coisa boa acontecendo ajuda, não é isso? Mas não depende, pois eu não posso ficar na dependência das coisas, porque num dia está bom, no outro está ruim. Num dia vai tudo bem, no outro está aquela porcaria. Aí as porcarias tendem a ficar meses e lá vai você só naquele sofrimento, porque você amarrou sua condição de ser feliz ali.

Uma pessoa inteligente aprende. Se optar mesmo pela felicidade, ela tem que dizer "não". Não estar amarrado com nada. Vou lhe mostrar, quer ver? A felicidade já está dentro de você. Vá lá no peito, se ligue com o contentamento no peito, se ligue com a felicidade. Sinta que ela já está no peito, lá no fundo. Sinta. O contentamento já mora lá dentro. Lá atrás mora uma alegria, sem motivo. Não ponha motivo no meio.

A única alegria verdadeira é aquela que não tem motivo.

Repito: a única alegria verdadeira é aquela que não tem motivo. Ponha um pouquinho mais de força nesta declaração. Quero ver se sai na cara, se acendem mais luzinhas da felicidade. Elas acendem, dá um calorzinho, uma coisa gostosa e uma vontade de rir com o peito. Não parece que ri por dentro? É meio louco falar isso, mas é assim, não é? A gente ri por dentro. Parece que abre uma coisa. Então, ela já mora ali.

Só quero que preste atenção nisso. Sempre que você quiser, ela está ali. Sempre esteve ali, mesmo quando você está triste e fecha o peito, mas ela fica lá dentro esperando a oportunidade de sair, porque ela gosta mesmo é de ser arreganhada, assanhada.

A felicidade gosta de espaço. Ela já mora ali.

A felicidade é o estado natural da nossa alma.

Quando você se sente feliz, está sentindo sua alma contente. Nem precisa ser uma coisa muito forte. Esse calorzinho no peito, essa risadinha meio safada... Que beleza!
É assim que tem que ser. A felicidade livre de tudo. Felicidade simplesmente porque é, e pronto. Sentiu-se bem e pronto. Esse hábito que a gente tem de motivo — só posso sentir isso se tiver motivo — não é verdade. Você percebeu que também funciona sem motivo. Está aprovado isso? Vocês sentiram na pele?
Então, na hora que quiser ser feliz, está aí. Estou ensinando o caminho. Não me venha mais com a pergunta: "Ah, Calunga! Como é que eu faço para ser feliz?" Está ali. Já aprendeu.
Agora, só tem um probleminha: você. Está tudo aí, é só pegar, mas, se você procurar motivo, atrapalha tudo aí dentro: "Ai, não vejo a hora de acontecer isso. Ai, queria tanto aquilo". Quando você quer, quer, quer, as coisas já ficam com ansiedade. Já não está mais feliz. Já entra na aflição. A arte de ser feliz começa com uma decisão:
"Eu quero ser feliz, e chega!"
E o primeiro capítulo é: "Eu vou arrancar esse vício de mim de ficar ligando com as coisas. Vou ficar com essa coisa independente de tudo".

"Ah, mas meu filho está doente no hospital." Ele está e você não deve ficar, porque a melhor maneira de ajudar seu filho no hospital é você estar feliz.

Você está com esse contentamento, não por causa disso ou daquilo, mas porque não tem causa nenhuma. Agora, porque meu filho está doente não posso ficar feliz? Aí você chega com essa luz gostosa para ver seu filho, pronto. Isso o alimenta e ele começa a melhorar. Mas, não. Do jeito que você chega, é logo para enterrá-lo. Com essa cara, parece uma passagem para o meu mundo.

Deus que me perdoe! A pessoa já está perturbada, já não está bem, já está somatizando uma série de problemas, já está naquela situação emocional, mental e física, e aí chega você com toda aquela coisa ruim, claro que não está ajudando em nada. Ou ainda, se você está feliz, aí entra na questão: "Deus me livre se ele morrer". É muito comum isso, não é? Por que tem que pensar assim? Por que tem que pensar que a morte é ruim? Uai, o caminho dele é o caminho dele. Eu não vou poder segurar mesmo.

De que adianta falar: "Ai, Deus me livre!? É, mas eu vou sofrer muito..." Você já está programando tudo. Já está pondo a condição: "Só posso estar feliz se meu filho ficar aqui, crescer, casar, me dar neto". E se ele resolver morrer? Acontece, não acontece?

"Calunga, Deus me livre! Vira essa boca para lá." Pronto. Já não tem mais paz. Já não pode ser feliz.

É melhor você ser infeliz. Ser infeliz, você já sabe, não é, minha filha? Mas como você sabe ser infeliz! Você podia ser professora da arte da infelicidade. Pensa sempre o pior. Espera da vida o pior e, quando o pior acontece, sofre, sofre, sofre.

Não tem jeito, as coisas vão passar como têm que passar. Digamos que é o destino dele, o caminho dele desencarnar cedo, sei lá das coisas que ele tem com ele, que ele tem com as forças da natureza, dos negócios dele que a gente nem sabe. Muito bem. Você vai ter que sofrer? Você acha justo? Não, não é justo, por isso o sofrimento é opcional.

O sofrimento é opcional.

"Calunga? Meu filho morreu jovem. Acha isso opcional? Ah! Não vou conseguir, não vou, não vou." Você ainda continua pondo a condição para se ligar com a felicidade. O que vai acontecer? O filho vai morrer porque o acerto dele com a vida ninguém segura.

Aí você vai sofrer, sofrer um ano, dois, três, quatro anos, vai se cansando, porque o sofrimento também cansa. Começa a se ocupar, vai acontecendo, vai esquecendo, esquecendo, por causa do resto das suas coisas, você não pode ficar no chão, faz terapia, faz de tudo para se levantar. O que você vai fazer depois? Pegar a felicidade e continuar a vida? Não podia fazer isso logo no primeiro dia? Como você é complicada, fora o que sofreu o tempo todo, fora o que estragou esse tempo todo.

Por isso eu digo que ser feliz tem que querer, mas querer mesmo. Acho até que, se você fosse uma feliz convicta, um feliz convicto, profissional da felicidade, experiente, tarimbado, qualificado, sua energia era de uma qualidade, cheia de tanta coisa boa, que eu tenho certeza de que esse seu filho não morreria, porque sua felicidade no convívio com ele dava-lhe alegria de viver. Transformaria tudo, a ponto de ele nunca ter que passar por isso.

Será que não é disso que a gente precisa? Ter essa luz, essa força diante da vida? Ou precisa de uma mãe e um pai com cara de ajuizado, se matando para dar tudo para os filhos? Por que será que o espírito precisa viajar na Terra, nesse curto período que vocês ficam aí, ou mesmo aqui? Porque a aventura continua. Eu sei que minha ideia parece escandalosa segundo os valores da vida de vocês, porque aí tudo é para o sofrimento, mas isso não está escrito no livro de Deus.

Foram vocês que inventaram. Custou-me aprender. Eu optei e assumi. Deu um trabalho, mas consegui. E eu via outros ainda no mesmo e falava: "Ah, não! O que é isso?!"

Uma coisa vou dizer para vocês, de coração, de testemunho. Depois que consegui, nunca mais tive um drama sequer na minha vida. Vou na aventura, no sentimento, às vezes tem um desafio lá, outro aqui, mas o desafio se torna divertido, e eu não sofro mais. Supero tudo e vou para a frente.

Estou aqui porque falei que queria falar, e falei no rádio, na televisão. Sou um defunto com marketing. Uai, minha gente, mas se todos vão? Os outros mal conseguem um terreirinho, ou dar passe num centrinho, não é verdade? Não, eu consegui bastante, vocês hão de convir. Sou um profissional.

Tudo isso é porque tem energia a favor, energia a favor do universo, porque estou na convicção da felicidade. Não foi do dia para a noite que consegui. Fui aprendendo, mas eu tirei a felicidade das condições. Não quero saber da felicidade das pessoas. Eu amo muita gente. Você já imaginou? Eu amo milhares de pessoas. Sou um amante desregrado, porque eu gosto de gostar.

Já pensou como é bom gostar? Vocês são uma mesquinharia para gostar. Eu só vou gostar se... Só sobrou meia dúzia e olhe lá, e para quê, minha gente? Para que essa mesquinharia, essa pobreza? Meia dúzia e chega. Que política é essa? Porque, quando vocês gostam, têm que viver com a pessoa. Tirem as condições. Eu gosto de todo mundo. Gosto de um de um jeito, do outro de outro, porque ninguém gosta igual, mas não tenho condição nem obrigação nenhuma. Só gosto. Olha como é lindo e bom gostar! Gostar é bom porque eu fico bem, não fico?

Agora, você que é chata: "Ai, não gosto disso, não gosto daquilo porque..." Ouvi essa conversa nesta semana. Não adianta, minha filha. Começa a ficar mais do "gosto" do que do "não gosto", apenas porque a faz feliz, uai! "Ah, mas você não tem personalidade! Você é assim?" Sou. Perdidamente, desregradamente, porque minha vida vai bem sendo assim. O resto não me interessa. Quando eu fico bem, as coisas ficam bem, começam a acontecer e eu fico feliz.

Vocês não querem fazer sua vida andar? Vocês não querem que suas coisas vão para a frente? Mas como, se vocês não têm energia boa, que é a base do bom funcionamento?

Não depende de nenhum namorado, de nada, nada. Não, porque mulher chorando, infeliz, é horrível, não é? Chega! Quando você disser chega às condições, minha filha, não é que o mundo vai lhe dar mais, mas o mundo não vai ter poder sobre você. Porque, se eu fico bem, eu fico bem, não importa.

Eu fui aprendendo e fui jogando para fora da minha cabeça tudo, tudo que aprendi para ser infeliz. Você aprendeu muita coisa para ser infeliz, mas para ser feliz muito pouco. O mundo de vocês é muito isso. Muito para o sofrimento, muito para o drama, muito para a dor, e pouco para a alegria, para a felicidade, como se fosse um erro, um pecado ser feliz. Ser feliz para vocês sai do padrão, da regra.

A felicidade está aqui e ela não depende de ninguém.

A felicidade está aqui e ela não depende de ninguém. Eu acordo e já digo: "Estou ótimo, estou feliz." E não depende de nada, não precisa de motivo. Eu estou feliz porque a felicidade está aqui, eu estou com ela, vou ficar assim e permanecer assim o resto do dia. Quando eu estava treinando, falava assim: "Bem, hoje — eu acordava e dizia, porque aqui a gente também dorme — hoje vou ficar feliz". E não me levantava para ir aos meus afazeres, enquanto não fazia contato com a felicidade.

É claro que a cabeça no princípio vem com lembranças, mas aprendi a jogar tudo fora. "Ah não! Isso aqui é bobagem. Tudo já passou", eu falava. "Eu, aqui e agora, estou para me fazer feliz." Então me lembrava do compromisso que firmei com o universo: "Vou fazer de tudo para ser feliz, porque eu quero e assumi que vou ser feliz. Vou manter esta felicidade em mim e vou ter tudo que ela me traz. Não vou ficar esperando as coisas chegarem para depois ficar feliz".

E se não acontecer? Eu vou ficar feliz para viver agora. Eu sei que tem muita coisa feia no mundo que não alegra a gente; no entanto, aprendi que tudo tem dois lados, não é verdade? Se você procurar o lado melhor, sempre vai ter. Tudo tem alguma vantagem e, se for para olhar, vou olhar pelo melhor e não pelo pior, porque não quero que minha cabeça venha destruir o compromisso de felicidade que estabeleci comigo.

Claro que às vezes eu caía, mas me levantava logo, porque me lembrava do compromisso. Assim, fui vendo que pouco a pouco eu estava amarrado naquela proposta antiga, naquela promessa, amarrado naquela confiança, naquela expectativa, nas fantasias, nos motivos. Gente, eu não tinha nenhum gosto de viver. Quando você começa a ficar com essa nova proposta, tudo é gostoso. Repare que a gente se sente feliz nas pequenas coisas do dia a dia, com qualquer coisa, desde que você se ligue na felicidade que já está aí dentro, não é verdade? Aí você para na feira, compra um pastel. O pastel está lá, a garapa com limão também. Tem até um banquinho para sentar e pôr o molhinho. Mas você vai com que alma? Você vai com esse peito aberto? Se for, aquilo vira um paraíso, um banquete baratinho, é uma coisa maravilhosa porque é você que faz. É você que faz um banho gostoso. É sua atitude que faz aquilo gostoso ou qualquer outra coisa.

Quando você se liga na felicidade, tudo vira encantamento, tudo vira prazer, proporciona aquela qualidade de vida.

Vou falar: se é para fazer para sofrer, é melhor nem fazer. Olhe este armário como está sujo! Vou fazer uma limpeza nele, uma arrumação, porque não me sinto bem com coisa bagunçada. Mas já começa a criar uma aflição de ter que limpar. Aí, procura o limpador multiúso e verifica que acabou.

Então começa o escândalo. Ai, meu Deus! Por que a empregada não falou? Logo hoje que é domingo? Vira um inferno por causa da falta de um limpador, de um desengordurante. Por falar em "limpador", veja o que você fez com o seu dia. Estava feliz porque ia arrumar aquilo, e já começou a xingar a empregada. Estragou tudo. Veja que é uma pequena coisa que você não dá importância, mas destrói toda uma situação boa. Veja como a gente é para o ruim.

A mente das pessoas é voltada para o ruim, para o sofrimento e não para manter aquela coisa boa. Por causa de um simples limpador, deixou de limpar o armário. Quando é assim, não me faça mais nada, porque já está naquela cabeça de inferno. Já quebrou as energias, já pegou um astral ruim. Lá se foi o prazer de arrumar. O que custa pegar um paninho com um pouquinho de sabão? Só falta não ter o paninho de limpeza também... Peça para a vizinha, faça qualquer coisa, mas não me perca aquela coisa boa.

Não é o fato em si, mas sua atitude de como lidar com o fato, porque as coisas vão acontecer mesmo na vida. Essas coisas fazem parte do dia a dia da gente. Às vezes foi você mesmo que esqueceu, aí você pega e se bate. Precisa estar viciada nesse tipo de comportamento infeliz? Não adianta ter tudo bonito em sua casa, se você está habituada assim. De que adianta ter tudo na vida se por uma coisinha tão boba você já fica assim? Fica de cara feia, arrastando uma tromba a semana inteira.

Assim não vai. Quando você percebe que o limpador não está lá, fale assim: "Não faz mal. O que importa é o meu compromisso de ser feliz. Vou arrumar o meu armário porque me sinto bem fazendo uma coisa dessas e vou dar um jeitinho". Não perca o contato com o calor do peito. Não mude sua energia e lide do jeito que der, porque criativo todo mundo é quando está com boa vontade.

E o que é a boa vontade? É ficar no bem. Você se cansa de ficar bem? Você gosta de ficar bem?

Boa vontade é a vontade de ficar bem.

Você quer ficar bem, ou quer ficar mal? "Ah, Calunga! A gente não escolhe." Escolhe, sim, menina.

O pensamento é imenso, e eu posso olhar do jeito e o que eu quiser. Posso mandar parar, mudar de assunto, mudar de cabeça, não posso? Não está tudo no seu controle? Então é opcional. Sofrer é opcional. Este não é um país de sofrimento. A Terra não é um mundo de sofrimento, não. É que as pessoas entram nesse culto do sofrimento e acabam gerando mais porcaria. Saiba que a desgraça vai pegando, vai esticando, de sorte que, quando elas percebem, estão com a vida toda complicada.

A maior conquista é aquela que você vai levar daqui para a frente. É essa que importa. Onde você estiver, estará hábil para aproveitar as coisas. Se você conseguir isso, não importa o amanhã. Sempre vai ser feliz. E, como uma coisa chama outra, a energia de felicidade condensada se espalha, reproduzindo uma série de coisas benéficas, de bênçãos para você, que vai tornando tudo cada vez mais fácil. Nada acontece de bom se não há um bem dentro de você. Tudo está vinculado ao mundo interior, como já expliquei.

A felicidade é o momento em que você amadurece. Foi resolvido diante de si e do universo. Eu resolvi que vou ser feliz, e acabou! Olhe, menina, na hora que você pega mesmo o touro à unha... Porque você sabe que, quando você pega o touro à unha, você vai até o fim e faz, não faz? Apanha, mas faz, e isso é que é bom. Tem força, tem coragem, tem firmeza. Quando você põe na cabeça, você vai.

O ser humano é muito forte. Vocês são muito fortes e, na hora que tomam essas atitudes, as coisas começam a melhorar. Claro que existe a batalha com a cabeça viciada, mas também só há benefício em lidar com isso sem medo, sem querer tudo num dia, porque a batalha é uma batalha.

Vocês sabem como é lidar consigo, mas, ao mesmo tempo, se não forem bravos nem severos consigo mesmos, se forem leves em lidar com isso, com o peito aberto da felicidade, vão perceber como tudo será facilitado nos seus caminhos. Eu estou feliz e, se estou feliz, já não me esquento com uma porção de coisas. Segundo o que acontecer, não vou perder se eu pensar que tenho que fazer alguma coisa com essa situação sem perder o calorzinho.

Já o pensamento, o pensamento começa a andar diferente. Ele pode olhar e falar: "Ah, isso é bobagem! Não vou ficar com isso, não. Não aceito esse problema". Aí vêm sempre aquelas notícias pesadas, não é? É nessa hora que você precisa se lembrar do seu voto de compromisso. Você para e fala: "Oi, situação! Não vou entrar na sua, não".

Você conversa com a situação? Comece hoje, porque, se você quiser ser feliz, tem que aceitar que vai ficar bem estranha. "Oi, situação! Não vai entrar em mim assim, não." Não, mas é a realidade! Não é a realidade coisa nenhuma, porque quem faz a realidade sou eu e não vou ficar sofrendo isso daí do jeito que está me trazendo nesse pacote.

Começa que não vai entrar aqui dentro. Entrar para se reproduzir? Ah, mas não vai mesmo! Já fiz isso antes, me acabei por nada, depois tive que catar os caquinhos e tocar meu dia. Não, eu sou uma pessoa feliz. Pessoa feliz ri sempre. Não vou aceitar isso. Ah, mas é uma situação! Não adianta, meu filho. Sou grande e o universo tem que fazer, tem que me ajudar e não vou deixar essa situação crescer em mim, porque ela não pode crescer nas minhas coisas.

Quantas coisas cortei da minha vida! Cortei definitivamente, gente, porque não aceitei. Aprendi porque todo mundo faz isso aqui. Ai, gente! Corte. Mantenha a felicidade e a paz. É só uma questão de treino. Não aceito nada disso porque é loucura, e minha energia permanece com a confiança no universo, com a minha felicidade.

Eu confio no universo.

Olhe: não tem situação que não mude. Não tem. A situação chega, às vezes nem chegou, e a pessoa já fala com aquele drama, porque vocês sabem que todo mundo aí é de teatro, não é?

Então, chega! Só porque o mundo está em crise, eu vou ficar na crise? Eu decidi que não vou ficar em crise. Crise é para os outros, não bate em mim. Quantos fizeram assim e a crise não bateu? A vida profissional continuou bem e, se interferiu em alguma coisa, na hora teve um *insight* de fazer isso, fazer aquilo, porque ele estava bem. O bem veio, ele fez umas mudanças, tudo passou que nada sentiu, e ainda descobriu um jeito de ganhar mais ainda.

Tem essa, porque a solução procura o feliz, o progresso procura o feliz, o sucesso procura o feliz. Se você senta ali naquela coisa para fazer com sua felicidade, pode ver que vai ter sucesso. Se alguma coisa vem para contrariar e você rebate, em pouco tempo aquilo tudo sai e suas coisas andam direito.

O problema do seu relacionamento é o seguinte: você entra feliz, mas na dependência dos comportamentos do outro. Aí, se ele não faz uma coisinha que você quer, você se arrebenta inteira. Isso não está certo. Você não deve ligar para nada disso. Continua na sua felicidade sem depender de nada. Ele vai mudar e melhorar. Você não acredita? Pode ver como ele é melhor com os outros do que com você. Então, saia da sua energia de chorona. Entre na sua felicidade que vai ver como, na hora, atrai o melhor da pessoa, pelo menos o que ela tem de bom, não é? O que ela tem de bom ela dá. Deve servir para o gasto. Você também não é lá essas coisas, é? Mas a vida fica boa.

Não adianta olhar com esses dramalhões, com essas dores, com essas tragédias que você faz. Isso tudo não produz um relacionamento favorável, nem as coisas entre vocês vão acontecer muito bem. Sendo assim, eu vou ficar feliz, independentemente do casamento, do namoro. Vou ficar feliz porque sou assim e, se vier me amolar, paciência.

Vou ter mais uma coisa: paciência para ser amolada. Assim você vai ficando tão feliz, tão acostumada com a felicidade, que, se o prédio estiver pegando fogo, você desce as escadas rindo: vamos ver quem chega primeiro? Mas que louca de cuca-fresca! É. Isso pega. Você vai ser feliz e ser promovida para a categoria de louca. É lógico! Se todo mundo vive no cultivo da desgraceira, chega uma que está feliz, vão dizer que é louca ou é irresponsável. Imagine! Não é nada disso, não. Você sabe das coisas porque não é burra.

Você sabe, fez a opção consciente. E o trabalho que precisou para garantir a si mesma, para que esse calor fique sempre aceso? A força, você vai sentir à medida que vai experienciando como é espetacular o que isso produz na sua vida. Porque, nesse calor, não tenho expectativas, não fico esperando nada, não tenho ansiedade. Só espero porque minha felicidade, na minha ignorância, está atrelada às coisas. Aí precisa dar tudo certo para eu ficar bem? Não. Se der certo, que bom, é para isso que estou fazendo. Se não der, faço qualquer outra coisa e pronto. Já não sofro mais, já fico leve.

Se não der certo, do jeito que você é hoje, com certeza vai entrar em crise. Vai ter que sofrer e você já sabe como é isso, o que já fez, o quanto rezou, fez até macumba para ver se dava um jeito, até constatar que realmente se perdeu. Aí vai se culpar, se sentir depressiva. Vêm os amigos para levantá-la, e você, devagarzinho, vai começar a dar os passos, com medo de fazer tudo outra vez. Aí, por medo de fazer outra vez, cai de novo. E, até que você se firme, vai levar umas duas encarnações.

Conheço gente que nunca deu um passo maior porque ficou com medo do que ia passar. E você? O que foi que você passou? Não, porque eu estava bem, perdi o emprego... perdi o espaço... perdi tudo... Acabou minha vida... Fui morar de novo na casa da minha mãe, uma desgraceira!

Uai, meu filho! É porque, na hora que você sentiu o impacto, absorveu. Não absorveu? Você absorveu tudo e aquilo foi crescendo, destruindo, destruindo você, acabou com o seu potencial e acabou também com a chance da sua vida para reconstruir. Foi um inferno do cão.

Portanto, vou sugerir aos senhores candidatos à felicidade assumida aprenderem a não absorver. Repare como você absorve as coisas, os fatos, o mundo de forma destrutiva.

Eu não absorvo o problema de ninguém.

Está morrendo? Vai com Deus! Entendeu? Eu não, porque adoro velório. Não sei você. Para mim, velório é festa. Ah, você chegou! A gente faz festa. É uma velha acabada, mas chegou! Já pensou, meio tonta assim? Reaja que você chegou! Já foi! Já era!

Quando você morrer e estiver aqui trabalhando, vou pôr você para esperar as pessoas no hospital, no cemitério. Tem que chegar e fazer uma graça e já rir, entendeu? Porque vocês pensam que vai ser sério. Não, de jeito nenhum!

Quanto mais feliz você é na vida e aprendeu mais, tudo é fácil.

Você morre consciente e, quando percebe, já largou o corpo e saiu. Já vê minha cara negona: "Opa! Esse aí é o Calunga! Vamos embora, vamos embora, é você, Calunga? Então vamos embora porque estou pronto para largar tudo aqui para o que der e vier. Vamos conhecer essa porcaria aqui para ver se é verdade, porque eu tinha minhas dúvidas lá!" Dúvidas você tem, não é? Um monte. Eu sei. Você adora ter dúvida, mulher. Faz parte? Então, está bom. Mulher é normal, mas homem, não.

Quando você tem essa disposição: "Eu não absorvo nenhuma tragédia, porque já estudei isso, já sei disso", fica na pessoa dissolvendo tudo, mesmo as coisas do passado. E ela aparece aqui em vida nova, numa nova página. Mas às vezes aquilo sobe e fica misturando tudo, e ela tem uns complexos, umas coisas que nem sabe o que é. Ela acha que foi o pai ou a mãe, que foi isso, foi aquilo, mas não é nada disso. São coisas que ela acumulou até de outra vida, porque absorveu.

Mas ela pode reagir, e essa é a grande evolução da gente: "Não vou absorver esse problema da minha mãe com meu pai. Primeiro, porque é deles, e eles que se danem! Segundo, porque já são complicados. Eles que se virem. O que sinto por um, o que sinto por outro é uma coisa minha". Não é verdade? Agora, a situação deles é deles. Estou falando porque tem endereço.

Não absorva, não queira ser a pérola da família, a que põe tudo lindinho. Mentira! Você quer as coisas calmas para você ficar feliz, porque você amarrou sua égua ali. Vai catar a égua e desamarra! Minha felicidade não depende de os meus pais se darem bem, porque sei lá da vida de cada um. Um vai para lá, outro vem para cá, muda aqui, muda ali e cada um está procurando o jeito que sabe fazer. Quem sou eu para interferir? Se soubesse cuidar da minha vida, já seria muito feliz. "Mas eu quero o bem para os outros..." Você não quer o bem para ninguém, gente. Por que você está querendo o bem do outro? Vocês fazem um drama por causa de querer o bem e sofrem. Querem o bem e sofrem? O melhor é não querer nada, pelo menos não sofrem. "Mas, Calunga, você é indiferente." Não, eu adoro as pessoas, mas não quero nada para você. Quem tem que querer é você. O que é que você quer? Não é verdade? Ah, você não quer que as pessoas sejam felizes? Eu não! Confesso que, se vocês forem todos felizes, vão ser bons amigos, porque é muito melhor chegar perto de alguém feliz do que com cara de múmia. Mas se eu decidi gostar de forma independente? Eu sei gostar de forma independente. Eu gosto de você com essa cara. Porque tudo é só aparência. O que importa é a pessoa e acabou. Eu fiquei simples e não complicado como você, complexa. Eu fiquei simples, porque simples ficou para mim e eu fiquei bem, comecei a me dar prazer.

É mesmo, não é? Como eu fico absorvendo problemas dos outros, fico amarrando a minha égua na casa dos outros, entendeu? Eu não quero, não. Não depende, não tem que ver ninguém feliz, não. A pessoa é que vai trabalhando para a felicidade dela. Ela tem que saber que eu não posso segurar a cabeça dela. Se ela está viciada em sofrer, em dramatizar, em absorver o ruim das coisas da pessoa, do relacionamento, do dia a dia, das pequenas coisas, o que eu posso fazer? Se ela quer ficar assim, que fique. Eu não vou somar, nem falar nada, nem comentar.

Eu sou eu e vou cuidar da minha felicidade. Olhe, estou feliz e vou chegar perto dela toda assim sorrindo? Uai, é assim que eu sou. É opção. Mas não vai ficar bem. Olhe, meu filho, não é questão de ficar bem. Eu não vou apagar minha cor por causa da cor dela. Minha cor é alegria. Se ela quer ficar assim, que fique. Eu saio de perto. Uai, não tem problema, não.

Não me aborreço com pessoas que sejam aborrecidas.

Eu já aprendi. Quando estou no meu contentamento independente e chega uma pessoa aborrecida, eu não me aborreço, não. Nem ligo, porque fico ligado em mim, porque já ponho na minha cabeça que não estou brigado. Ai, não aguento pessoas com essa cara se queixando no negativo. A pessoa perto de mim, quando é muito aflita, muito ansiosa, já começo a ficar nervoso, ficar angustiado. É assim mesmo. Você vai ficar com essa energia, com essa carga em cima de você? Que inferno! Porque eu não gosto que fale bruto. Você é assim mesmo: não gosto que fale bruto.

Como você absorve tudo quanto é porrada, vai precisar levar uma eternidade para aprender a não absorver a estupidez de ninguém e ficar no seu bem-bom. Quando você não absorve, acaba dobrando a pessoa, pois ela percebe que não tem efeito nenhum. Geralmente as pessoas fazem para ter efeito. Como não tem efeito, a pessoa muda com você.

Não adianta querer mudar o mundo para você se sentir bem. "Ah, porque minha chefe é assim, é assado, gosta de se queixar..." Pronto! Absorveu. Se a chefe está bem, você fica bem, se estiver mal, você fica ruim. Uai, por que absorveu a chefe que estava num dia ruim? Não absorva, ria com a cara cheia de safadeza. Ria e, quando ela passa, você dá um sorriso inteiro.

Você tem que aprender a conviver com a pessoa mal-encarada, reclamona, ruim e não sair da sua coisa, porque senão o que adianta se na hora do pior você pega e escorrega?

Lá na praia, tomando sol e banho de mar, você não precisa fazer força, precisa? Ainda mais com uma caipirinha... Não precisa de nada, precisa? É nessa hora que você precisa usar toda a sua ciência, na hora em que a vida lhe joga um troço desses na cara. Uma chefe com cara feia, estourada, explosiva, grosseira, estúpida.

Aí, quando ela estiver gritando, você vai se lembrar de mim: "Olhe, estou no meu compromisso com a minha felicidade, eu vou sorrir com o coração". Quero ver se ela não vai murchando, murchando.

Faça o teste. Ela xinga, se queixa do seu serviço, fala uma porção de coisas que não é verdade, e você não se defende e continua feliz. Não escute. Deixe a mulher descarregar tudo que está precisando, entendeu? Mas não absorva. Pois não, pois não, pois não, até ela se aquietar e você vai fazer seu serviço do jeito que quiser. Não demora muito e ela volta toda arrependida de ter feito aquele escândalo, porque não pegou, não contagiou, e você fica paradona, só observando o papelão que ela fez, ficou ótima e não absorveu.

Acontece, então, que, primeiro, ela vai ficar feliz com você. Segundo, vai ceder e parar de se comportar assim. Terceiro, além da vitória, você botou uma coisa boa no seu dia e se sente mais forte para o amanhã. Você está mais forte para o sucesso e fica focada. Se no sucesso vier a cobrança — cobrança de desempenho, de atuação —, você já sabe ficar feliz, o mundo não a impressiona, e você começa a enfrentar situações delicadas com toda a calma. Assim, sempre sairá vencedora. Sempre, sempre, sempre.

Quem vence não é o mais categorizado no sentido profissional da palavra, mas quem tem a cabeça boa, a melhor energia.

O outro que sabe muito está lá atrás, mas o que sabe menos, mas é bom de energia, está lá em cima. Aí você diz: "Puxa vida! Aquele cara, não sei o que está fazendo lá, e eu que sei muito mais que ele..." É que ele tem energia boa, e você, não. Você é a rainha da infelicidade, fica nervosa com tudo, fica histérica com tudo, e chora, e lamenta.

Você absorve no peito e fica com aquilo, às vezes, durante anos. Anos na felicidade opcional. Podemos compreender esse processo analisando nossa vida, o quanto sofremos com essas atitudes. Tudo muda se você se propuser: "Não vou absorver, vou treinar para conseguir não absorver o mundo e as suas coisas ruins. As coisas ruins das notícias, mesmo que sejam verdadeiras. Não estou mais aqui para isso.

Estou aqui para fazer minhas coisas direito, e tem muita coisa boa nesse mundo para eu usufruir.

Quando você absorve o mal, parece que tudo é só aquilo, já reparou o mundo nessa hora? Sua vida é aquilo, e aquilo a consome. Agora, se você não absorve, não sai da consciência clara que tem aquilo, mas que tem muita coisa boa, você fica no equilíbrio para lidar com a coisa. Fica com uma coisa gostosa, porque naquela hora você decide: "Sou tão feliz, pois o universo está em mim me sustentando e não vou entrar naquilo, não".

Então, sua colega a encontra e diz: "Nossa, você mudou muito!" E você responde: "Foi o Calunga que falou para eu não mais absorver as coisas". Entendeu? Eu falo porque também agradeço a quem me ensinou, porque a gente tem que aprender. O ser humano precisa aprender com aqueles que conquistaram para a vida melhorar de verdade.

Vocês estão entendendo o que é a felicidade opcional? "Eu quero, eu vou." Vou tendo que enfrentar algumas coisas nos meus hábitos e eles vão sendo quebrados. Por isso que falei para você não sair correndo. Eu quero, não, espera. O compromisso é um compromisso que tenho que fazer lá dentro comigo e sei que isso vai ter um custo.

Por exemplo, uma coisa que você tem que enfrentar é que todo mundo vai estranhar porque você vai ficar diferente. Você precisa estar preparada para isso. Como você está tão esquisita! Algumas pessoas vão notar coisas boas, mas outras vão ver coisas ruins. Você sabe como a desgraceira anda na cabeça das pessoas, não é mesmo? Já vêm te tachando de irresponsável só porque está diferente. Então você precisa se preparar para a marcação de seu público. É mentira que você virou irresponsável. Você só está é diferente nessas coisas que lá em casa eles chamam de irresponsabilidade.

É assim mesmo. Todo mundo dá palpite, e não adianta querer ensinar para os outros, porque para eles você tem um problema. Por outro lado, tem gente que vem aqui aprender para poder ensinar lá em casa para que eles melhorem e você fique bem. Tome nota disso aí no caderno. Desista de querer mudar os outros. É meu conselho. É você que precisa mudar. E olhe que já é um trabalhão danado ser feliz.

Perceba que tudo é uma questão de como ver. Eu escolhi ver tudo bonito, só bonito. E, quanto mais eu vejo bonito, mais você me dá sua beleza. Todo mundo tem beleza, não é isso? Agora, eu gosto mais de você quando está safada. Eu gosto muito mais de mulher safada.

Pensa na safadice. De onde que vem a força da safadice no corpo? Pense na safadice: você bem safada, você bem safado. De onde que ela vem? Ela faz parte da felicidade. Ela vem daqui de baixo. Repare que é uma cocegazinha que vem lá de baixo. Não é bem lá. É lá de baixo e dá uma coisa que sobe assim como um assanhamento, não dá? Esse assanhamento é fundamental numa pessoa feliz.

Ser assanhada é um dom espiritual.

Só entrará no reino de Deus se for assanhada. Perceba a alegria que subiu, o calor que veio. Quando você está assanhado, está com uma energia que sobe, que é alegre, que é expansiva, que é positiva, que move você para a ação com flexibilidade, com jeito, com esperteza e inteligência. Pode ver. Só tem qualidades.

Quem não é assanhado está doente e fica fazendo o tipo dramático, esse que tem a tendência para sofrer os dramalhões da vida. Com certeza vai ter doença complicada, vai ter fardo. Você não tem fardo? Tem? Então fique assanhada. Fique safada que você vai ver como o fardo desaparece. Quando estiver no trabalho, cansada, resolva sair para a noite, bem na safadeza. Você vai ver como o peso sai, e o problema acaba. Acaba porque é um estado de alerta.

Alegria faz parte do feliz. Ser curioso, ser ativo, criativo, e acima de tudo, Senhor meu Deus, cara de pau.

Não é possível ser feliz sem ser cara de pau, gente.

É uma qualidade espiritual fundamental. Todo guia de luz que conheci era cara de pau. Falavam cada coisa com a maior cara de pau, bem natural. Falavam com tudo, perguntavam tudo, cheiravam tudo, falavam palavrão, faziam de tudo quando precisavam. Quando querem, não tem quem pegue. São terríveis. E, quanto mais guia de luz, mais se comportam assim.

Vocês pensam que guia de luz é que nem Nossa Senhora? Com manto de luz, coroa, sapato de verniz, chega espalhando flores e luz, e falando: "Meus filhos queridinhos?" Gente! Isso é coisa de umbral. Nunca encontrei nada disso aqui, não.

Às vezes, me permitem, quando mais equilibrado e tal, vamos para um lugar especial. O Hilário, que é meu guia, fala assim: "Olhe, Calunga, vamos para um lugar bom. Aí é que você vai ver. Só tem pessoal de alto padrão, de muitas conquistas, muita vida à nossa frente. Esse pessoal sabe muito, está a mil. Já se desenvolveu bastante em relação a nós, mas não tanto que você não possa conviver com eles. Vamos lá passear um pouquinho para você ter um panorama do futuro, já que você está nessa coisa de aconselhar os outros, de querer crescer. Vamos lá".

Aí nós fomos. Quando chegamos, a primeira coisa que achei fantástica é que não vi nada de pobreza. Só palácios, muito luxo. Vocês não fazem a mínima ideia do que é luxo, arquitetura. É uma coisa extraordinária. Espaços enormes, num luxo para uma só pessoa. É impressionante. Eu não sabia para onde olhar. Há formas extraordinárias de tanta beleza! Não tinha pobreza, só beleza. As pessoas são muito simples, todas belas, nem todas são jovens. Existem pessoas que gostam de ficar mais maduras na aparência. Elas sabem mexer com a aparência, então têm aquelas que aparecem como querem para você. Aí, eu vi uma criança que veio falar comigo, mas era a coisa mais linda e graciosa deste mundo! A menina, que aparentava cinco anos de idade, quando estávamos passeando por um parque, aproximou-se para conversar. Mas ela falava que era uma beleza! Conversava com uma esperteza! Ela me enrolou tanto e daí percebeu que eu fiquei muito embaraçado. Então, ela se constrangeu um pouco, saiu e foi embora brincar. Mais tarde, quando estávamos numa reunião com algumas pessoas conversando, antes de um concerto — porque eu fui lá para ver um concerto —, aí me aparece uma moça bonita que se apresenta e vem conversar comigo. Vem conversar comigo, educado, mineiro, não é? Sabe como que é: quieto, reservado.

Aí, quando ela começou a conversar, foi que eu vi que era a mesma menina do parque. Ela se transformou em criança só para me envolver, me enrolar e se divertir às minhas custas. Ela disse: "Olhe, estou aqui para pedir desculpa, mas, como eu sabia que você veio lá de baixo — olhe que vergonha! Lá de baixo... — eu só estava brincando com você. Espero que não fique magoado, porque vocês se magoam, não é?" Eu falei: "Não", segurando as pontas. Não, claro, mas meio assim, porque sei lá, e se ela de repente pode ver dentro da gente?

Mas é um povo tão safado, tão alegre! Nunca ri tanto na minha vida com esse povo inteligente. Cada dia um sai de um jeito. É uma loucura. Parece até carnaval. É tanta alegria que você se contagia e tem vontade de fazer tanta coisa. Eles têm uma vida e uma safadeza delicada. Não maldosa, mas uma safadeza que não é agressiva, uma esperteza.

Aí, quando voltei, o Hilário perguntou o que eu tinha achado. "Olhe, você acabou comigo, Hilário". "Pois é, Calunga, eu falo que você é muito dramático." Eu falei: "É verdade que esse povo é feliz constantemente, brinca com tudo de uma maneira inteligente, tem o espírito de uma criatividade, prega peça brincando, sempre com delicadeza. Tem uma poesia na piada, tem uma poesia na brincadeira".

O Hilário completou: "Olhe, Calunga, eles não só são melhores que nós, como é ali o conselho da comunidade que você está. Eu só não falei para você não ficar com vergonha, porque você é muito envergonhado, mas várias pessoas, fulano, sicrano, beltrano, que eu lhe apresentei, são diretores. Eles não vêm aqui, mas são eles que nos dirigem". Eu perguntei: "São eles os pensadores daqui, o conselho da comunidade de onde eu estou?" "São", respondeu. "São do conselho. Eles mandam os emissários, mas eles enxergam aqui e enxergam lá onde estão." "Gente, mas ninguém acha...", eu disse. Ele retrucou: "Foi por isso que eu não lhe falei, senão não ia ficar à vontade, porque você ainda faz cerimônia. Você é muito caipira".

E é verdade. Um tempo depois que estávamos lá, começamos a rir e eu fiquei solto. Depois, refleti: é mesmo. Quanta besteira que a gente tem na vida! Como a gente pode ser bonito, elegantemente solto, safado! Safado é bom, claro, que é o sentido bom da palavra e não se você utilizá-la como malandro. Acho que para o português deve ser uma coisa mais para o negativo, mas, se você for safadinho, bem safadinho, imediatamente você desponta em si um estado que traz uma série de qualidades que enriquecem nossa vida.

Primeiro, você não leva nada muito a sério, o que já é muito bom. Segundo, porque você tem um senso de humor e um equilíbrio muito legais, que pode usar em qualquer situação, além de ter à sua disposição muita energia de vida, entendeu?

Quando ficar sério, você já morreu. Seu espírito perde. Então, vamos lá, minha gente! Vamos fechar os olhos por um instante. Vamos sentir dentro de nós o universo que nos sustenta, lembrando sempre que vocês devem fazer isso várias vezes por dia:

O universo me sustenta. Calma, paz.

O universo me sustenta, principalmente se eu não absorver essa situação dessa maneira. Não quero mais ser o mero reflexo. Eu quero ter minha coisa e agir por mim. Não é porque tudo virou essa calamidade que eu vou entrar. Não vou entrar na calamidade à toa, a menos se eu quiser fazer alguma coisa pela situação. Eu quero estar bem, então não absorvo.

O universo trabalha melhor quando eu não absorvo as calamidades, os dramas, as pressões, as desgraceiras que estão em volta de mim. Não quero absorver, quero continuar firme no meu propósito e fazer o bem que eu puder construir, trabalhar positivamente onde eu puder criar resultados bons, porque essa é minha contribuição para o mundo.

Eu me quero como uma pessoa espiritual. Quero estar aqui com vocês para tentar construir algo de bom, por menor que seja. Não quero saber do sofrimento de ninguém. Não quero saber do lado escuro das pessoas. Quero construir uma alternativa, a alternativa do bem. Estou aqui para fazer algo de bom, nem que seja pequeno, mas é uma alternativa boa.

Sou um construtor do bem.

Não sou uma pessoa que fica proliferando negatividade, coisa ruim, mesmo porque não quero para mim e não quero para ninguém. Não absorvo mais as coisas desagradáveis, doentias, perturbadas, toda essa raiva, todo esse desconforto que o mundo possui. Minha felicidade não depende de nada. É um compromisso comigo. A felicidade é minha opção de vida, e nessa opção me ligo com a minha felicidade, na consciência do universo. Não permito minha cabeça me restringir. Não deixo as fórmulas passadas das condições, que infelizmente absorvi, me dominarem.

Eu me renovo e me faço outro pelo bem que isso me faz. Eu cuido do meu bem. Quero estar bem, por isso cultivo o meu bem, e o meu bem é mudar nesse ponto. Meu bem é sustentar a felicidade no meu peito, o meu contentamento, a minha pureza, a minha safadice. Vou soltar minha safadice, relaxar e ficar safada.

Vamos! Fique safada, bem safada, bem cara de pau, sem vergonha nenhuma, descarada, relaxada, despreocupada. Vamos sentir a safada vibrar nesse corpo. Ela tem bom humor, agilidade, esperteza mental, criatividade. Não ponha limite. Não ponha juízo.

Não ponha juízo! Deixe esse aspecto brilhar. Deixe articular o seu espírito em tudo que você faz. Deixe você ser o capeta, um capetinha, com as coisas que ninguém pega. Eu quero ver essa cara de capeta, de safadinho, safadinha, mas safadinha terrível, esperta. Isso. Nada é tão sério que eu vá sair da minha esperteza. Deixe os olhos brilharem. Deixe seu ser brilhar, bem mais safada.

É só ser safada, pronta para aprontar com todo mundo. Como é que é? Aí. Começa a brilhar a energia da tua aura. Isso. Bem articulado, disposto a rir de tudo, porque tudo é muito engraçado, principalmente você com essa cara.

E vamos pegar leve, como vocês dizem. Isso, companheiro, bem safado. Se você continuar pensando sério assim, vão cair os miolos. Fique mais safado porque você fica melhor quando é mais safado. Você sabe disso. Não leve assim tão a sério, menos, menos. Qualquer coisa que comece a apertar a cabeça, pare. Lembre-se do safado e solte.

Vamos ver como é que reage a vida com você sendo bem safado, safada, bem contente com você, porque minha felicidade não depende de nada. Eu não absorvo esse mundo cão. Eu não absorvo o estado emocional das pessoas, principalmente lá em casa.

Está com essa cara brava? Fique com ela que é sua, porque eu vou ficar com a minha. Não absorvo. Quanto mais você falar dentro de você: "Não absorvo", vai perceber que seu próprio corpo começa a receber a ordem e começa a soltar toxinas que absorveu das pessoas.

É um tratamento de purificação. Quanto mais você praticar, mais o que ficou lá do passado vai indo embora. Você vai se sentir tão leve e tão divertido porque não vai mais aspirar as toxinas do metabolismo energético das pessoas destrutivas. Tem gente que é muito tóxica, mas você não vai absorver. Não vou absorver porque sou safada. Isso. Safada, safado, não é? *Tá ligado?*

A minha felicidade não depende de nada.

Quero falar da conexão espiritual. Relaxe seu corpo. Deixe o joelho um pouco molinho para não ficar muito tenso. Relaxe seus braços. Isso. Agora vá para dentro e vamos repetir, primeiro mentalmente, a palavra *Eu*. Quero que você, com o pensamento, chame nas carnes o Eu. Comece:

"*Eu, Eu, Eu*. Quero Te sentir, Eu. Quero te sentir muito, *Eu*. Quero estar muito no *Eu*, no meu *Eu*. Quero ficar no meu *Eu*".

Chame:
"Eu, Eu, Eu, Eu, Eu".
Agora use a vibração da voz:
"Eeeu".
Mais:
"Eeeeu".

Fique sentindo a energia que esse som emite no seu corpo e a sensação do seu muito *Eu*. Só *Eu* aqui. Uma coisa indefinida porque *Eu* não tem definição. É a sensação de mim, mim, muito mim, mim, muito mim. Está ficando melhor e vamos melhorar mais um pouco a sensação do mim, essa conexão com o mim. Agora:

Eu não sou igual a ninguém. Eu aceito isso.
Vamos lá dentro dizer nas carnes, na mente, no corpo:

Eu aceito que eu não sou igual a ninguém. Eu sou único. Eu aceito.

Neste exato instante, eu não faço força para melhorar. Não faço força para mudar. Não faço força para ficar de jeito nenhum, porque aceito esta coisa única, estranha e sem definição que é meu *Eu*.

Sinta mesmo esse *Eu*. Não sou igual a ninguém. Não quero mais ser normal, não quero mais ser desse jeito ou daquele. Aceito esse *Eu* que é como Deus fez. Vá lá dentro, chame aquele que diz que você é o ruim, o louco, o inadequado. Fale assim:

"Pode vir que você não é nada disso. Eu te aceito levado da breca, safado, bem safado".

Sinta a sensação do safado, da safada.

"Eu aceito você, safada. Você não é igual às outras. Você é louca, não é moralmente correta, mas eu aceito. Assim mesmo. Eu aceito."

Você vai sentir o safado e a safada e a energia dele subir.

No mundo da educação, vocês dividiram aquilo que pode ser em mim, que é aceitável pelo mundo, e aquilo que não é, porque não é aceitável pelo mundo. Aí ficaram divididos em dois, totalmente desconectados. Vamos ficar um.

O primeiro passo para a conexão espiritual é se sentir um unificado, integrado, inteiro, uma pedra só, uma rocha só. Eu sei que nessa hora dá muita sensação no corpo, coisas nas costas, não sei o quê, porque tem tanta interferência dos outros aí. Tanta coisa que a gente pega e fica ligado e passa a viver a vida do outro. Vive a situação do outro. É dos filhos, do marido, da esposa, do namorado e tudo.

Neste momento, eu quero que você experimente estar sem tudo isso.

Eu sou só eu e não estou grudado em ninguém.

Desgrude. Desgrude da família. Amar não é grudar em ninguém. Viver junto é querer bem. Até se comprometer não é grudar. Vamos sentir a coisa ali. Eu, só Eu, sem família neste pedacinho que sou Eu aqui. Neste pedacinho não carrego nada de ninguém. Olhe as costas como é que ficam. Parece que você não está sozinha aí. Quem mais está aí? Não carrego a mãe, não carrego nada. Estou largando todos esses pacotes de gente que fiquei ligando, porque hoje eu quero sentir meu Eu para começar os exercícios.

Então, você faz como lá nas carnes. Fale assim: "Chega! Eu posso conviver com as pessoas, mas não tenho que carregá-las dentro de mim. Vou conviver com elas lá fora, não aqui dentro. Não quero ficar grudando nos outros para dizer que sou humana. Não sou humana coisa nenhuma!"

Solte isso e sinta o Eu outra vez. Vamos ver: "Eu, Eu, Eu".

Olha que beleza! Está ficando melhor, mais firme, mais real, mais aqui, mais posse, porque, se a gente não tem posse, é derrubado. Se a gente tem posse, as coisas não são assim. A gente cuida bem o tranco do dia a dia. Isso. Vá saindo, vá tirando tudo isso dos ombros.

Chega, chega, chega com a carga dos outros. Olhe aí as necessidades dos outros. Tenha vergonha! Quer ficar correndo com as necessidades dos outros? E as suas? Vamos, solte, solte, solte os clientes, pelo amor de Deus! Fique no *Eu*. Quando você está nesse *Eu*, todo mundo que você conhece, pense assim, está mais aqui do lado.

Ninguém é melhor, ninguém. Todos são iguais, no mesmo plano. Não sou menos.

Não quero complexo aqui. Tudo isso é ilusão. Ninguém é mais. As pessoas são diferentes nas suas especialidades, nas suas capacidades, nas suas debilidades, mas são todas iguais na horizontal. Por isso não vou paparicar ninguém. Não devo nada e só faço quando o meu coração sente.

Fique firme e vamos sentir a primeira conexão estando bem no *Eu*. Vou para a primeira conexão, que é a do espírito, o Eu Superior. Então, nessa primeira conexão, eu quero que você afirme, também nas carnes. É a mesma técnica:

Deus mora em mim.

Sinta nesta frase a força da natureza, a Suprema Inteligência, o *Eu* mais Superior, a força primal, a inteligência do cosmos, a inteligência da vida.

A grande Luz da vida mora em mim, nas carnes."

Diga assim:

"Desperte, carregue de energia. Apareça. Vivifique. Fique mais intensa.

O Eu maior mora em mim. Eu sou a casa, o vaso escolhido. Eu sou o pedaço de Deus.

Eu quero me sentir no todo. O todo sou eu também. Aqui, em mim, é a casa de Deus.

Levante. Acorde em mim, espelho do Divino, com todas as suas qualidades e seus atributos. Acorde em mim. Venha para a consciência. Mostre-se. Quero Senti-Lo. Quero me integrar com Você.

Neste instante eu deixo de ser uma pessoa comum para ser a Luz Divina, a Inteligência maior, o canal, a lâmpada que a eletricidade divina acende. Eu sou uma lâmpada do tamanho do meu corpo".

Você está consagrando seu corpo. Até agora você achou que era uma pessoa comum. De hoje em diante, não vai mais ser uma pessoa comum. Você vai ter mais consciência espiritual em si. Você é a casa, a obra. Não importa o que tenha feito. Se você acha que merece, que não merece, que é perfeito, que é imperfeito, que é evoluído, que é atrasado, que é cheio de defeito, todas essas bobagens que vocês acreditam por aí.

Isso não mudou a natureza íntima da sua pessoa, porque é assim mesmo que Deus quer que você seja nessa vida. É o que deu para ser e não está errado. Eu sou Eu. Minha carne é a casa. Receba Deus no seu corpo.

Vamos, gente! Vocês não sabem o que é? Sabem, sim. Se você não sabe, não pense. Faça. Se pensar, entra areia. Primeiro faça, depois pense. Vocês pensam, pensam, pensam e não têm a experiência. Eu quero a experiência. Isso. Está melhorando. Você vai ver que beleza é sentir a energia de seu espírito, de Deus em você, tomando mais seu corpo, tomando mais seu controle energético, entrando mais na sua mente, entrando no seu coração, entrando nas suas ideias. Nós não podemos mais viver separados. Temos que ser um. Cada dia mais conscientes de nossa verdadeira pessoa, de nossa verdadeira natureza, de como o universo nos concebeu há milhares de anos.

Sentir, sentir, sentir.

Sinta mesmo, minha filha. Não se curve. Ponha-se reta, ponha o pé no chão. Diga: "Não quero carregar você". Fale para ele. Você está com encosto. Não quero carregar ninguém. Sou da minha natureza espiritual, eu sou um espírito divino e declaro que este espaço aqui em que estou é só meu. Não vai ficar aqui nada do que não é meu. Já pega, já possui, já trabalha para você ficar forte, íntegra e já sentir suas correntes, suas forças espirituais. É isso o espírito em você. A força do seu espírito, da base, da essência, muito além da sua pessoa. Sempre esteve aí. Sempre se manifesta, mas agora nós estamos trabalhando com ela de propósito.

Estou gostando de ver. Percebo, daqui do meu ponto de vista, como o espírito está ascendendo. Posso perceber energeticamente muita coisa saindo daí. Um pouquinho mais de paciência. Tem a força do espírito que entra. É a força que sempre esteve aí que você está evocando, puxando para fora, assumindo que você é a casa.

Está sentindo? Como é que a faz sentir? Plena, certo?

Esse é o estado espiritual. Começa a dar plenitude, leveza, liberdade. Você começa a sentir sua verdadeira pessoa.

Porque o resto é ilusão. O resto é coisa momentânea. O resto são as impressões do mundo a respeito de quem sou eu. Tem muita coisa que vai sumir um dia da sua vida. Tudo isso aí vai desaparecer com a evolução, mas o que você é, é. Esse *Eu* que quero bem dentro, bem vibrante, Deus que é no corpo. Ai que bom, não é?

Uma coisa que faz assim, que faz sentir grande, forte.

O poder espiritual está em mim.

Pare de falar com as coisas de fora. Fale com suas carnes. Suas carnes têm tudo. Qualquer estrutura humana é montada por esse espírito. Então, você está entrando em contato com ele. Pronto! Muito simples. Você nunca está sozinho. Tem sempre isso com você. Isso é você. Diga:

"Eu sou a casa. Eu sou o vaso escolhido. Eu assumo o espírito em mim. Eu assumo esta identidade profunda".

Parece abstrata, mas a gente a sente.

"Assumo esta estrutura em mim, independentemente de quem sou. Independentemente das ideias, assumo a beleza."

Quando você entra no *Eu* e declara o espírito em si, evoca, o poder vem. A força de poder, que é o teu poder espiritual, vem. Você tem que ter poder espiritual na vida, porque senão a vida te derruba. Quem não tem posse na sua casa, quem não está tomando conta dela, qualquer um pode entrar, qualquer coisa entra, e você? Cadê? O preço é caro.

No *Eu*, o espírito, a conexão com o espírito, é assim, não é? Quem sentiu a leveza é porque sempre carrega esse, carrega aquele. É carregador profissional. Gosta de carregar a vida do outro, a necessidade do outro, os problemas dos outros, para dizer que é humana. Mentira! É pura vaidade.

Então, a pessoa entra nisso, vai se achatando, vai saindo do eixo, saindo do Eu e vai perdendo as forças. Muito bem! Se você perde as forças, fica à mercê de quem? Do ambiente, do que está pegando, e aí vem aquilo. Quando vê, está numa confusão que não sabe mais nada. Assim, quando você diz: "Eu está em mim", já toma posse de novo, já veste de novo sua espiritualidade.

A sua espiritualidade é sua, não tem igual e não se define por religião.

É um fenômeno psicológico, é um fenômeno seu, porque você é diferente, não é igual a mim, entendeu? A sua é sua. Não insista com certas coisas que você aprendeu, porque lá dentro não quer.

Na conexão com o que é seu, você tem que ter coragem de assumir que você é diferente. O seu é seu.

Quando você quer ser igual aos outros, é quando você se larga. Ainda mais por causa de homem! Não quero nem falar desse assunto. Deixe para lá, porque o que vocês fazem é vergonhoso. Por causa de filho, por causa de homem, por causa de mãe, por causa de pai. Pronto! Já não sou mais eu. Sou o que o mundo quer.

Você não veio aqui para ser o que o mundo quer. Veio para fazer aquilo que é para você, porque cada um tem o si mesmo, tem o espírito e suas forças. Se o outro está perdido de si, é outra conversa que ele vai ter que se achar, mas não é para dar o seu para os outros. Quantas vezes vou ter que falar isso?

Sentiu paz? Então é porque você é dramática. Vou explicar sua vida agora. Você é dramática, exagerada, se impressiona com as coisas do mundo e perde a paz. Desde outras vidas que ainda não corrigiu. Quando você volta para casa, quer dizer, para seu *Eu*: "Eu sou o espírito", o que acontece? Paz, porque o tormento fica fora. Agora nós paramos com isso.

Você entende por ora e diz: "Ai, o Calunga..., estou encantada". Mas horas depois, volta a ser a mesma. Aí volta todo o tormento de novo. Vou botar uma campainha aqui para você. Vou amarrar você no chão. Não me saia do Eu, menina!

O que vocês têm contra a paz? Vocês deixam se atormentar pelo mundo. O mundo tem tudo quanto é coisa para atormentar mesmo. Ao ligar a televisão, precisam escolher o que vai ficar na mente. Não permitam a televisão fazer tudo o que quer com vocês. Vão mudando. Graças a Deus, muda rápido. É só apertar o botão. Não deixem essas coisas entrarem. Epa! Porcaria, eu não vejo. Deixe-me ver o que eu ponho aqui dentro. É assim mesmo. Se estou aqui: "Oh, não gostei, vou embora. Não quero. Ah, mas..." que fique mal para os outros e não para mim. Por que eu tenho que ficar? Para os outros não ficarem mal, eu tenho que pegar tudo aquilo que não é meu? Sou única, estranha, maluca e me permito. Pegue e vá embora. Cate a bolsa e suma, entendeu?

Então é o *Eu*. Você está compreendendo, não é? Agora você vai ficar comigo, não é? De garçonete de exu, que nem a outra. Ai, meu Deus do céu! Entidade famosa pode, não é mesmo? Assim nós vamos compreendendo que, quando a gente assume, a gente tem que mudar algumas coisas para ficar na conexão.

Sentiu crescer algo dentro de você? Veja bem. Vou explicar a sua vida. Você tem um péssimo hábito de se pôr para baixo. Chama isso de modéstia, entenderam? "Ah, não sou ninguém..." Vai lá para baixo, se encolhe, se encolhe. Vocês acham que isso é modéstia. Eu tenho medo de tudo, aí vai se encolhendo e sai do seu tamanho, do seu espírito. Então o povo abusa, sua vida para, não anda. Para ir é uma luta. Tudo para você é três vezes o dobro do esforço. Quando você falou: "Eu sou *Eu*, Deus mora em mim, e Eu sou esse Deus", assumiu. Fez a conexão com seu espírito. O que aconteceu? Cresceu. Já botou todas aquelas drogas para fora, tornou-se gigante.

Quando o espírito está assim, vocês dizem que essa pessoa está cheia de si. Quando você está cheio de si, o espírito está indo e arrumando sua vida todinha. Vai abrindo as portas, os caminhos, tirando o que não é seu, botando quem tem a ver, e sua vida cresce, tudo cresce, o amor, a prosperidade, pois o espírito tem um plano para você nesse sentido.

Um plano riquíssimo, maravilhoso. Não é o que você quer. É o plano do seu espírito, onde você vai ser feliz e se realizar de uma maneira gloriosa, que é diferente de muitas fantasias que você tem de felicidade. Da felicidade verdadeira, só o espírito sabe. Só ele sabe onde está e vai guiá-lo se você for dócil e assumir com força e confiança. Então, ele vai como uma estrela abrindo, mexendo, guiando, guiando, guiando, e você não faz nenhum esforço. É que nem mágica. Vem, vai, muda, transforma, e tudo caminha sob a força dele. Não há o impossível.

Para o espírito, tudo é possível.

O milagre, tudo além da sua compreensão de como essa coisa extraordinária faz o mundo mudar tudo e faz tudo acontecer. Não dá para a gente entender ainda, mas ele faz, entendeu?

Sinta comigo a grandeza. Não tenha medo de ser grande, de ser a mulher maravilhosa, de ser a primeira. Vamos sentir:

"Não tenho medo de nada".

Não quero essa falsa humildade. Vistam a grandeza do seu espírito que não vem por pouco, não tem nada de pretensão, de censura nenhuma, porque o seu é seu. Você não está pegando nada que não seja seu. Tudo que é para você está pronto. Se você não pegar, vai ficar na prateleira.

Lá ninguém vai pegar, é seu. Também, o que não é seu não vai ficar, vai arrancar tudo, e acabou.

"Agora eu falei tudo, portanto, espírito, eu assumo o que é meu."

Deixem de falsa modéstia. A verdadeira modéstia é pegar o que é meu. Se minha coisa é maior, é maior, é do tamanho que é. Não me interessa porque não comparo com a de ninguém.

Eu sou único, e quem é único não se compara a ninguém.

Sentiu um calor? Sentiu esquentar? Isso. Vamos esquentar. Eu gosto quando esquenta. O que é esquentar? É a chama da vida que acelera, porque, quando você morre, esfria. O espírito é a chama que te aquece no caminho, a estrela que te guia. Deixe-se aquecer com a luz do espírito. Deixe vivificar sua carne, sua consciência, sua mente. Encha tudo o que faz de vida, vida, vida, vida quente. Quando você se abaixa, se esfria. Você fica aquela porcaria, para rimar com disenteria.

Suba, minha filha, aqueça a chama do seu espírito. "Eu quero que acenda a chama do meu espírito. Eu quero sentir esse calor. Não quero esconder esse calor aqui dentro. Quero que ele venha para fora, porque não quero ficar mais gorda".

Vamos deixar a chama do seu espírito e sua exuberância explodirem nesse mundo. Puxe, vamos e pense nisso. Vai ficar quente e vai expandir.

Isso é que é se arrumar para sair. Assim, não vai ter homem que resista. Assim não vai ter homem que não queira namorar você. Daí, ela arranja um homem e apaga tudo. Fica fria de novo, submete-se à vontade dele, para ele não ir embora, porque ela ama. Ela é mãe. Que vergonha! Tantas aqui, ó! Eu vou é passar uma pimenta no seu corpo para esquentar, para ver se você acende de volta esse espírito, essa coisa grandiosa. Vocês têm medo de ser grandes. Querem ser todos anões.

Nós estamos trabalhando com a conexão. Eu vou falando e vocês vão fazendo, não vão? Estão fazendo? Eu faço com a pessoa, mas vocês vão fazendo junto, está bem? Tudo é experiência para sentir, porque às vezes também é o seu caso. Onde é que está preso, onde é que não fluiu, porque está na luta e as coisas não estão indo direito, não é verdade? Podia ser maior. Está bom, mas podia ser maior, melhor, podia ser mais fácil. Não precisava ter pagado o preço que você pagou tantas vezes, acabando com sua saúde.

Ah, meu filho, eu sei de tudo. Então, eu digo para você porque sua tomada não está ligada no aparelho divino. E ele está aí dentro de você. Você nem pensou nisso, não é? Agora vai pensar por que é tão pequeno assim com Deus aí dentro com tudo?

Você se sentiu cansada? Meu Deus! Quando fez Deus em você se sentiu muito cansada? Cansada, meu Deus do céu! Vou dizer por que está cansada. Porque foi lá no buraco. Você se enfiou lá num buraco dos outros que nem consegue se expressar mais. Para falar, a voz está toda presa lá atrás e se apagou. Eu quero ver essa faladeira desregrada. Quero ver essa ousada. Nosso espírito é força, ousadia, coragem.

"Ai, não posso ser muito assim porque este, porque aquele..." não fica bem. Aí, você foi amarrando e, quando percebeu, estava lá atrás. A força quer, quer, mas não vai. Então, numa hora você desiste, vai ficando fria, cansada, desanimada, depressiva. O espírito quer vir, mas não está conseguindo. A mente está com umas coisas, e não quer, não entende e acha que tem que ser desse jeito ou daquele. Aí fica nesse conflito. Dentro de você, vai seguindo aquele caminho, que a mente achou que é certo, mas aquilo vai esgotando as forças, entendeu?

Faça comigo na cabeça:

Eu sou a primeira da fila.

Isso. Pode falar com convicção.

"Eu sou a primeira da fila. Em tudo eu sou a primeira." Primeira, para mim, é do jeito que eu gosto, do jeito que eu quero. Eu, a primeira, os outros vêm em segundo, em terceiro e quando eu estiver a fim. Aí fico quieta, deixo a outra bem descarada: "Ai, porque você é egoísta..." Sou mesmo! Se chamam assim, vou dizer que sou, mas não é egoísmo, não.

Na minha vida, na fila, eu sou a primeira. Primeiro eu, depois o filho, depois o marido, a esposa, depois os outros têm seu lugar, têm sua importância, mas eu em primeiro lugar!

Eu sou a primeira da fila! Vai, ponha-se primeira da fila. Veja como se sente sendo a primeira. Como sente isso nas carnes?

— Bem.

— Como que é o bem no corpo? Como é essa sensação? Tem mais algum adjetivo que possa usar para entender como que ela é?

— Mais autoconfiante.

— Começou a subir uma coisa de confiança, não é isso? Então, vamos lá, mais ainda. Escandalosamente a primeira. Quero que fique mais forte ainda:

"Eu a primeira da fila. Eu a primeira da fila. Eu a primeira da fila".

Vamos largar essa coisa de ficar se encolhendo, botando todo mundo na frente quando é a nossa vez, quando é o nosso lugar, quando é a nossa fila. Eu não estou na frente da fila de ninguém. Eu estou na frente na minha fila. Que isso seja bem entendido. Se o outro me põe onde põe, o problema é dele, e não meu. Aqui em mim, mando eu. Sou a primeira da fila. Posso amar muitos segundos e terceiros lugares. Será que um dia um ser cabeludo vai entender isso?

E aí? Sentiu a confiança? E o corpo? Passou o cansaço?

Passou porque você se conectou com o espírito, porque não estava conectada. Sempre com aquela coisa de ser a última, a modesta. Sendo quem sou, não fica bem ter que mostrar amor, reconhecimento. Tenho dever de fazer as coisas para os coitados, os necessitados. Assim, corre para um, corre para outro, senão pega mal. A vaidade não a deixa pegar e dizer não quer, não está com vontade, não gosta. Não quero ir a esse casamento, não quero ir agora à casa da mulher, não quero ir ao hospital.

"Ah, mas ela está morrendo..." Uai, ela está morrendo, mas eu estou viva. Aí, vem à mente: "Não, coitada, a família, todo mundo". E o povo fala: "Mas ela não vai morrer sem te ver". Ou seja, você se põe em último lugar e vai para a porcaria do hospital e perde seu espírito.

Quando o espírito quer, ele vai. "Ai, preciso ir lá dar uma bênção na minha amiga, porque ela vai partir ou está prestes a partir. Eu vou lá dar uma bênção, de coração." Ele vai de coração e faz um belo trabalho, porque agora é para fazer, e o resto não é para fazer. Se não for assim, ela vai ao hospital, sai de lá mal, aí pega carga e volta com uma porção de coisas, fica ruim. Com essa energia ruim, aí sim fez com que a amiga morresse mesmo. A carga era tão ruim, não tinha amor, não tinha verdade, não tinha vida, não tinha a chama quente que a pessoa que estava morrendo precisava. Se você der a chama, ela volta. Se não tiver, ela vai.

Então, o que é que foi a chama da vida? E aí, minha filha? Que bom! Acho que foi encosto que saiu. Você fica chamando, chamando, aí começa a expulsar. Tem gente que tem reação pesada. Sei lá o que estava lá grudado! Foi um trabalho para desgrudar, e você ficou forte. Às vezes tem um nó para aquela energia passar e a pessoa sente, não é? Então, a gente nunca sabe se ela já tem algum nó.

Ao desatar o nó, vem uma sensação de poder, uma sensação de grandiosidade.

Isso. Poder, grandiosidade. Veja bem, quando você começa com aquela coisa sua, de ser responsável, de querer tudo certo, chata que nem um demônio, sacrificada, você fica do tamanho de uma formiga em espiritualidade.

O espírito tem que estar de volta no dia em que você aceita.

Quanto mais você aceita como é diferente, mais se encaixa. Quanto mais você se encaixa, mais sua força espiritual vem.

Agora, quando não aceito o conceito do tipo: meu entendimento não é esse, minha educação não é essa, não posso assim, vou saindo, saindo, meu espírito vai apagando, vai ficando lá atrás e eu vou ficando à mercê do mundo. Passo a levar uma vida que não é a minha.

Porque sua vida é onde está tudo que é bom e o realiza. Se estiver no espírito, ele o leva e, se estiver confundido, é obrigado a fazer você sofrer, passar uma porção de agruras para perceber.

Vamos logo procurar esse negócio de espírito. Vamos aceitar a nossa natureza espiritual, nossa diversidade com naturalidade, com elegância para haver o equilíbrio e a fortuna da boa ventura, na vida terrena e na vida depois da morte, simplesmente, tudo.

— Quem mais? O que sente?
— Ausência de culpa.
— Ausência de culpa é porque você tem uma ideia falsa de Deus e uma ideia pretensiosa de que tem que ser assim, senão você é ruim. Pode jogar tudo no lixo. Você não tem que ser nada. Você é direitinho, perfeitinha, como Deus te fez. Fale:

Eu sou perfeita como Deus me fez.
Eu jamais vou ser ideal.
Eu vou ser sempre real.

Então, não vou ter vergonha de nada do que fiz. Fiz e vou fazer outra vez.

Você tem o ideal decepando o real. Quero que mude de lado. Não quero ser ideal coisa nenhuma. "Ah, mas isso não se faz!" Eu faço. "Ah, mas isso não pode fazer!" Já fiz, porque é assim que eu sinto. Assuma, assuma o seu Eu. Defenda seu

Eu. Você tem a pretensão de parecer, parecer. Isso é coisa de gente hipócrita. Vamos, filha! Fique fiel a você. Agora, se quiser enganar os outros, tudo bem, engane, mas não engane você, está bem?

Ah, tem gente que precisa ser enganada mesmo, porque é muito trouxa, não é verdade? Homem, geralmente, é trouxa. Precisa ser enganado. Quem não quer ser enganado que fique esperto.

Agora, tem gente que não suporta a verdade, então engana. Ah, essa moral besta! Isso aqui não existe. Esse mundo de hipocrisia, onde tudo é falso, tudo é discurso, não é? Discurso moralista, depois, na hora H, todo mundo faz o que precisa. Bobagem! Vamos falar das verdades do espírito, não das daqui da Terra.

Vamos nos libertar do que não é Eu, para assumir Eu e meu espírito.

— Eu senti uma dor muito forte na altura dos ombros.

— Isso mesmo. É o pacote. Vou te apresentar para o pacote. Eis que, nas suas costas, carrega-se um pacote. Um pacote da situação dos outros. Da mãe problema, que é um horror. Estou vendo daqui o pacote.

— Minha mãe é um encosto mesmo!

Pense assim:

"Eu não vou carregar minha mãe, as necessidades, o humor dela, a vontade, a depressão, a loucura, a preocupação dela, que fica em casa me atormentando com esse celular. Vou jogar isso no lixo. Se ela é louca, paciência. Eu posso amar, posso querer bem, mas não vou fazer por obrigação. Vou fazer quando eu tiver amor. Não vou sustentar a insegurança dela, o medo dela, o mando dela, o prazer de viver dela. Se ela acha que para ser feliz tenho que fazer o que ela quer, danou-se. Largo minha mãe para ela. Mãe, você vai para você. Eu posso lhe querer bem, mas não me escraviza em você. Eu amo, mas sou livre. Sou adulto, eu sou homem e não mais uma criança que você encheu dessas besteiras que me estragaram completamente, de mimo, de impotência, de uma pessoa dependente. Não sou e não quero esse amor. Entendo seu ponto de vista, mas esse tipo de energia não quero em mim, não. Saia das minhas costas. Eu a respeito, mas respeito a mim em primeiro lugar".

Fale isso nas carnes, sentindo as carnes.

E aí? Como se sente quando faz isso? Ah, fica tranquilo, não é?

Isso mesmo. Faz muito bem. Desafie mesmo. Mãe é para sofrer, meu filho. Aprende mãe e aprende filho. Os dois aprendem na reencarnação juntos, não é? Não tem jeito. Às vezes combina, às vezes não. E a vida segue assim, não é? Gente, tem que aprender, mas tudo está certo. Veja como é se abaixar para o outro. "Ai, coitado do outro! Porque o fulano, a fulana, porque não sei o quê, porque tem que fazer comida... tudo", e você vira um pacotão dentro de casa.

Faça com alma, faça com espírito porque quer fazer para a pessoa, mas não faça forçado. Não aceite ser quem você não é. Você é no seu espírito o que gosta. Seja uma pessoa gostosa, faça o que gosta, faça com todo o seu sentimento. É bonito, é bom, é saudável, mas não faça por obrigação porque você perde o contato com seu espírito. Quando você vê os negócios que vão errado e aquilo começa a acontecer, a saúde começa a se debilitar. Não faça. Não perca sua conexão com seu ponto de força, que é o seu espírito. Não se perca nesse mundo. Faça o que o quiser, mas lá grudado no espírito, porque, se você se perder, lá vem o mundo e joga você para o canto outra vez.

— Eu senti como se meu corpo estivesse dividido. Da cintura para cima, muito leve, como se quisesse voar. Da cintura para baixo, muito pesado.

— Isso mesmo. Está tudo cheio de corrente nas pernas. Viu como o espírito até mostra? Onde é que está a cisão dela se sentir inteira? Dela se sentir com todas as suas forças?

— Bem aqui na altura do umbigo.

— Isso, bem aqui. Agora, vamos libertar essas pernas. Vamos libertar esse bicho safado. Fale:

"Eu sou safada, assanhada, inquieta. Eu sou triste!" Não é?

*Eu liberto minhas forças do jeito
que Deus fez.*

Porque o safado é esperto e vivo. Safado que a gente fala aqui é uma pessoa curiosa, é uma pessoa com traquejo, com ambiente, com comunicabilidade, com esperteza, para ter jogo de cintura na vida. É um aspecto maravilhoso, mas, às vezes, moralmente, a gente quer virar um homem, uma mulher discreta. Até pode ser quando precisa, não é, minha filha? Mas boba, não. Poder ser uma mulher fina, mas boba, não. A gente finge que não é índio. Isso é um lado refinado da gente, mas não é boba. Está soltando? Boazinha, não. Eu quero ficar adulta porque quero bater perna por aí, dormir com quem quiser, fazer o que quiser.

Se não me assumo, os outros judiam de mim. Não vou deixar mais os outros judiarem de mim, não. Meu espírito me pôs assim, com essas qualidades, porque é para eu ser. Se tem em mim, é porque é virtude.

Nada em mim é defeito.

Talvez não tenha entendido e aprendido o que é para usar bem, mas é qualidade. Até ser mandão é qualidade, não é verdade? Até safadeza é qualidade. Ah, use bem, não é, minha filha?

Uai! Tudo é qualidade. Até ser severa é qualidade. Usando bem, tudo tem qualidade. Tudo é uma qualidade quando se tem inteligência. Agora, sem inteligência pode machucar.

E quando a família disser que não a suporta mais? Aí você fala: "Consegui". Ninguém conseguiu me prender, ninguém. Sou educado, mas não sou besta.

*Assumo como sou. Eu quero ser o
que meu espírito é.*

Para ser espiritual, eu tenho que ter espaço na mente, no corpo e na atitude. Meu espírito está aqui. Isso é ser espiritual. A luz do espírito acesa em mim. Se a cabeça é boa, ele está aí conectado, entendeu? Se cabeça é ruim, vai perdendo os pedaços. Melhorou? Está mais inteira?

"Eu sou rueira".

Isso. Eu sou o quê? Olhe o bloqueio, gente, olhe o bloqueio.

"Eu sou rueira. Eu gosto de bater perna para cima e para baixo."

Minha gente, o que é que nós fazemos? Ela foi para o inferno. Todo bonzinho vai para o umbral. Agora, você vai dizer assim:

"Eu gosto de bater perna, de ir para a rua, de bater perna na 25 de Março."

Isso. Vá até a 25 de Março, fuce tudo.

— Fuço tudo e compro tudo... Agora eu queria uma coisa: largar de fumar.

— Para que você quer tanto?

— Porque minha filha pega no meu pé.

— Bem feito! Bem feito! Você deixa os outros mandar na sua vida, vai ficar toda formigada, entendeu? Não me deixe ninguém mandar na sua vida. Faça o que é seu prazer, a sua vida. É sua filha, é linda, beije-a muito, mas, se vier com essa conversa, mande-a andar, entendeu?

— Eu lutei do nada. Hoje tenho uma lavanderia com 25 funcionários mais um carro e comecei com uma única máquina de lavar.

— Isso mesmo. E acabou! Quero ver vocês que estão aí achando tudo difícil. Vocês ficam se perdendo com a conversa de filha? Com conversa dos outros que querem isso, aquilo para vocês?

— Eu, agora, só agrado a mim.

— Beleza! É isso mesmo!

Eu me coloco em primeiro lugar.

Quando o *Eu* vem para fora, vem mesmo. Vamos assumir que é isso, minha gente. Essas coisas de pose, de moral politicamente correta, não. Eu quero ser espiritualmente correto. Eu quero ser espiritualmente autêntico, verdadeiro. Esse negócio de moral daqui é uma coisa! Não fico atrás dos outros me enchendo a paciência com: "Não fume, não faça, não beba, não me arranje namorado, onde já se viu ter dois?" Ah, vai... Quem mandou olhar? Não era para você olhar. Se você não tem dois, está com inveja. Não é isso, gente? Mande sair da sua vida. Não vá atrás da conversa do povo. Assuma seu espírito, sua vontade, sua vida.

A vida daqui a pouco acaba. O que você fez com ela? Gracinha para o mundo? Para o filho? Gente, vamos viver o espírito. Deixe essas besteiras. Ele é a saúde, a força, o vigor, vai até noventa anos firme.

Agora, se você está sem espírito, está fraco. Qualquer porcaria vai acabar com sua saúde. Até a comida comum. Não adianta achar que não comendo isso, comendo aquilo, vai limpar essas porcarias e trazer uma vida saudável. Besteira!

> **A força do espírito é que alimenta nossa juventude, nossa força, nossa longevidade, nossas conquistas, nossas razões de viver. É isso que faz a vida da gente ter qualidade.**

Agora, cada um faz disso o que bem entender, mas o espírito está lá e tudo aquilo que você fizer e não for do seu espírito ele vai arrancar, seja com amor, seja com a dor. O que é seu é seu e, se não acertar, volta e começa tudo de novo. A vida é assim, porque é eterna. Um dia a gente encaixa.

— Calunga, eu me senti superleve, como se estivesse numa nuvem e, nessa sensação, o que mais me impressionou é que, quando melhora minha enxaqueca, tenho também essa relação com uma nuvem. Só depois que eu tomo remédio.

Quem é que pegava muito no seu pé? Quem fica em cima de você? Você fica em cima de você com as coisas, com medo de errar, que é um inferno, não é, menina? Aí você tem enxaqueca. Porque você se acha pequena, que tem que lutar muito para crescer e fazer as coisas. Fica muito nervosa, despende muita energia para fazer umas coisinhas, depois fica aí ruim.

Não, menina! Você é grandona, não é a coisinha que pensava ser. O que você sentiu foi seu espírito. Quando você se liga com o espírito, tudo fica longe. Às vezes a pessoa é criada com gente que a faz se sentir uma coitada. O pai, a lindinha do pai, a princesa boba, a trouxa, a fraquinha, e ela entra nisso. Por outro lado, os que não foram criados assim ficam chorando porque não tiveram um pai que fazia isso. Então, minha gente, o mimo é uma doença terrível. Vamos sair disso, porque seu espírito é forte e não precisa ser mimado, entenderam?

Vocês estão sentindo que o espírito é a força, que o espírito é a energia que vem quando se está no *Eu*? Cadê o *Eu*?

Sintam esse *Eu* aí, bem inteiro, bem firme, bem meu, bem pegado, bem Eu mesmo, bem forte. Afirme, afirme. Não deixe o mundo arrastar você. Não deixe o povo trazer dúvidas para sua cabeça, questionar você. Deixe o povo que ache o que ache. Não escute ninguém. Não deixe o povo te deixar fraco, sem espírito, sem você.

— *Eu*... Não tenho medo da hipocrisia. Não tenho medo dos comentários, de filha, de mãe, de esposa, de pai, de marido. Podem falar o que quiserem. O que é comigo, é comigo. Sou eu que decido. Não vou mais botar na mão da família para decidir mais nada do que devo ser, como devo ser, como devo me comportar, como devo me sentir, porque estou aqui dentro e quero me sentir bem. Eu em primeiro lugar, e os outros, em segundo.

Quem sabe de mim sou eu. Não misture, porque você perde sua firmeza, seu caminho.

No caminho do Eu, o espírito acende a chama da alma, que é o nosso guia, que é o nosso sensor que guia nossos passos.

Ele vem e tem vontade. A alma tem vontade, tem anseio: quero isso, quero aquilo, gosto disso e não daquilo. Essa vontade, isso é o caminho do espírito.

O espírito mostra o caminho através do prazer e diz o que não é para você por meio do desprazer aqui no peito. Você tem que ter atenção com essa válvula no peito, chamada alma. Quando estou na força, quando estou fazendo aquela coisa que aqui está bem, então estou fazendo o que é para mim. Estou no meu caminho, estou conectado.

Portanto, isso quer dizer que tudo vai andar bem, tudo começa a andar bem, minha saúde, meus negócios, meus relacionamentos, porque eu sou a casa do Espírito Uno, o Espírito Divino. Doravante, sei que tenho um caminho e não me preocupo com o amanhã, porque tudo que meu espírito quer é o bem para mim, o melhor para mim. É minha realização, minha plenitude. É o caminho da posse do que me pertence por direito natural, por herança divina. É o caminho de como ser, não só nesta vida, mas ao longo da minha caminhada nessa aventura fantástica que é a existência.

Sinta a presença do espírito que vai incorporando, entrando no seu corpo, na sua essência divina, te possuindo, te elevando, te purificando, te soltando das amarras deste mundo medíocre, das mediocridades da vida, das ilusões da sociedade doente, para um caminho de libertação.

"Que eu, aqui reencarnado, possa ser uma pessoa saudável, possa produzir saúde, possa realizar o que vim fazer para que eu sinta satisfação em ser eu comigo e essa vida valha a pena. Para valer a pena, não quero mais sacrifício."

Sacrifício não vale a pena. Para ser do espírito, tem que ter alegria.

O espírito é alegria, é prazer, é contentamento, é excitamento.

Nossas sombras, nossos poderes de sustentação na Terra se tornam fortes com a luz do espírito. Como espírito, eu domino a matéria, domino os bens materiais, o dinheiro, a carreira, os desafios do convívio com os diferentes, o desafio do convívio com a mediocridade, com a besteira que o povo fala e quer que a gente aceite. Cale a boca! Eu não tenho ouvido para você. Você está cansando sua garganta à toa. Eu vivo na luz do meu espírito que se acende agora em mim.

Começou, para mim, um novo caminho, uma nova jornada mais iluminada, mais lúcida, inspirada pelo meu espírito a seguir, a fazer realizar, a criar e recriar o meu destino com realizações pequenas e grandes, conforme sua vontade em mim. Não sirvo aos homens, não sirvo à família, não sirvo a ninguém. Sirvo ao espírito em mim.

Sinta. Quanto mais você proclama, mais se conecta. Quanto mais se conecta, mais ele se manifesta. Quanto mais ele se manifesta, mais você vê que é verdade, mais você fica seguro de si, mais fica firme. Quanto mais você se conecta com sua fé e confiança viva, mais o espírito vai iluminando, trazendo os seus dons, trazendo sua inteligência, fazendo de você uma figura extraordinária, primeiro para você e depois para o mundo.

Eu quero me abrir, sair da infância, da escuridão, da mediocridade, da ignorância desse eu social. Quero firmar inteiro em mim mesmo o meu espírito. Eu sou a reencarnação de Deus vivo. Eu sou o verbo que se fez carne. Eu sou o verbo em ação. Chega dessa mediocridade religiosa que me deprime e não me dignifica! Chega dessa falsa humildade que me arrebata da dignidade do meu ser, daquilo que sou e daquilo que preciso fazer e tenho o direito de desfrutar!

Liberte sua mente desse povo, estabelecendo uma conexão com seu espírito nas carnes, na sensação de verdade e não na ideologia teológica, filosófica, nessa lavagem cerebral das religiões. Siga o que faz sentido para você aí dentro. Siga o que é significativo para você. Deixe sua alma lhe mostrar. Exista, tenha a coragem de ser quem é, de ser diferente, de enfrentar a mediocridade dos outros. Tenha coragem para se dar a existência que Deus lhe deu, mas que é você que consente. Entendeu isso?

Contra tudo e contra todos, se necessário, porque hoje o louvam, amanhã querem lhe atirar pedras porque você foi corajoso, verdadeiro. Entendeu? É assim o ser humano, o medíocre, porém. Quer ver sempre você abaixo. Quando você vai acima, falsamente aplaudem. Então, minha filha, não se abaixe para esse mundo, mas erga-se ao mundo do espírito.

Dessa forma, a conexão está feita. Com a prática, vocês vão amarrando cada vez mais.

Consagremos, agora, a conexão das fontes internas.

"Estou ciente de que inicio uma caminhada de renovação e meu espírito me ajuda, me ampara, me dá lucidez, me mostra o que é meu e para onde devo ir, independentemente desse mundo e de suas convenções."

"Estou aqui para seguir a minha luz, a minha estrela que me ilumina e ilumina a glória das minhas conquistas."

"Com firmeza, resisto às pressões do mundo e assumo que, se amanhã, seja lá do que for que eu precisar, vai ser através dos recursos que meu espírito pode dispor no meu caminho, e não do ser humano."

"Portanto, é no espírito que me ligo e me fortaleço, independentemente de mim mesmo, na jornada que procuro, pesquisando o que me interessa, encontrando, do meu próprio modo de encontrar."

"É no espírito que caminho, no meu próprio modo de caminhar, seguindo no meu próprio modo de seguir, único e total."

"Neste momento, abro as portas do universo dos meus caminhos, para que seja tirado deles aquilo que não é para mim: toda ignorância, toda mediocridade, toda forma de estorvo que não me ensinam, não me engrandecem, não me favorecem."

"Abro as portas para receber o que me pertence por direito divino: todas as graças e bênçãos do conhecimento e da experiência, mesmo que sejam muito diferentes do que planejei."

"Tenho certeza de que meu espírito sempre me trará aquilo que é mais digno, aquilo que é o melhor para mim, porque sou um caso único."

"Assim, liberto-me, agora, de toda comparação. Afirmo em mim e na minha estrela interior, pois em lucidez Deus mora em mim, e assim é."

Às vezes é difícil perceber, mas quando a gente quer, a gente faz e consegue, porque o universo está apoiando sempre. O universo está te ajudando. Não sou só eu não, são as forças espirituais que te acompanham. Elas vão te ajudando, sejam seus guias desencarnados, seja a própria força divina, estão sempre trabalhando pelo nosso progresso e assim vamos caminhando e melhorando.

Agora, nós vamos conversar sobre um negócio mais uma vez. Um negócio difícil. A coisa é assim mesmo. Quando você pensa que acabou uma coisa, começa outra em seguida. Não tem sossego na escalada espiritual. Sempre estamos procurando respostas, e eu sempre procurando o que vou falar para vocês que ainda não sabem e precisam saber, o que está faltando no que vocês conhecem pelo seu esforço. Então, a gente fica aqui na conversa com meus amigos, com os amigos de vocês aqui, com os guias, fazemos reuniões e chegamos a uma conclusão.

É, aqui também a gente faz muitas reuniões. Tem cada discussão que sai fumaça! É, vocês pensam que aqui é todo mundo quietinho, santinho e aceita tudo? Defunto também discute, companheira. Então, eles dizem: "Calunga, eu acho que sobre esse negócio eles não têm consciência. Vai lá falar a respeito". Aí eu venho. Eu queria muito que vocês conhecessem tanta coisa interessante. Eu adoro uma conversa. Por isso é que faço esse trabalho com muita alegria e satisfação.

Quando você aconselha os outros, é uma maravilha. Abre essa coisa santa e sai cada coisa linda, não é? Já estudou muita coisa, já pensou, já jogou fora muita coisa, já pegou outra, já foi mais fundo na vida, depois experienciou, reforçando tudo o que você vive e tal. Mas a gente percebe: "Meu Deus do céu, essa pessoa sabe tanto, mas sua vida não corresponde ao que ela sabe".

Não vim aqui para esculachar ninguém, longe disso. Só estou querendo dizer que muitas vezes você faz, faz, faz, mas volta tudo, não volta? É uma coisa! Tem gente aqui há tanto tempo, esforçado, lê bastante, faz meditação, discute, conversa, fica pensando. Aí, às vezes, você está andando no carro, os guias estão pensando junto e você vê tudo claro, uma beleza. Dá aquela melhoradinha, depois *pluft!* O *pluft* é que é ruim. Então, você cai de novo e a coisa não anda. Eu sei que você é persistente, tem interesse, se esforça.

Aqui todo mundo quer acertar, todo mundo quer ir para a frente, não é verdade? Porém, falta uma coisa importante que tenho certeza de que você vai me dar razão: infelizmente sua mente manda em você. São os medos que vêm e pegam. São os pensamentos que vêm e você vai junto.

Estou precisando mostrar uma coisa bem clara. Vamos ver se vocês entendem direitinho. A mente é um aparelho. Ela não é você.

Eu não sou a minha mente.
Eu tenho a mente.

Você é o *Eu* que tem a mente, entendeu? Assim, o *Eu* que tem pode interferir, não pode? E, sempre quando você quer, você interfere: "Ah, não vou pensar nisso. Ah, não vou fazer assim. Esse negócio está me enchendo a cabeça, não quero mais saber disso". Ou senão: "Eu vou pensar", e lembra daquilo como que era. Você é o *Eu* que mexe com a mente. Você não é a mente.

Mas a mente durante toda a sua vida não foi sua, foi do mundo. Você perdeu sua autonomia e todo mundo falou, todo mundo veio e encheu de coisas sua mente. Hoje ela manda, manda, manda, igualzinho ao que aprendeu.

A mente é mecânica e neutra. Só repete, repete, repete o que já aprendeu, de bom ou de ruim. O espírito é que traz uma coisa nova e faz alguma coisa, porque ela não faz nada, só repete. A mente foi feita para obedecer a você, e você não foi feito para obedecer a ela. A mente é tão somente um aparelho para ajudar a fazer as coisas, não é para mandar. A memória vem, ela lembra e você diz: "Bom, não quero, ou quero, isso agora. É uma parte que te ajuda quando você quer. "Ah, deixe eu lembrar." Vai lá e se lembra. A mente vai lá até a memória, pega e traz. Ela tem que servir, ela é a empregada, e você é o patrão. Você precisa aprender a ser soberano, dono da cabeça, porque seu posicionamento aí dentro é o responsável, é o gerente, é o dono da coisa.

Aqui em mim sou o dono da coisa, soberano. Não tem essa de as coisas virem assim e já ir me levando. Medo, eu? Eu não tenho medo. Confesso: eu não tenho medo de nada. Você também não tem, sua mente é que tem. Você não tem, porque, quando pega a coragem você vai e ninguém te segura, não é verdade? Mas a mente continua com medo mesmo com você na coragem, não é mesmo?

A coragem está lá, você está indo e a mente continua com medo. Isso não está mostrando que são dois? Como podem a coragem e o medo atuar juntos? Porque a mente não é você. Ela só está repetindo as bobagens que aprendeu que era maldade, que era ruindade, que era negatividade. Naquele setor ela aprendeu assim, mas você não. Mas você, mesmo com a mente atrapalhando, pega, vai e faz. Quando você precisa, pega, vai e faz, não é, minha gente? Você resolveu tudo, acabou e para um pouquinho. Aí, vem a mente morrendo de medo: "E agora o que vai acontecer?" Iiiiiih, vai piorar! Uai, a mente tem o medo, você não. O dia inteiro você vive com o desconhecido. O amanhã é desconhecido. Você está acostumado a lidar com o desconhecido desde que é gente. Você vai entrando no futuro? Eu não sei. Cadê ele? Nessa altura já nem sei mais onde ele está. Então, eu pergunto: como é que pode continuar assim essa vida? A cabeça manda em você, faz o que quer, não dá um minuto de sossego. Abriu os olhos, acordou, a cabeça já começa: "Tomar banho?" Mas, eu tomei antes de deitar não deu nem tempo de sujar. Acabou de acordar e a mente já começa a perturbar.

O que é isso, gente? Como você deixa ser aviltado assim? Por que você não está lá? O que é isso? Você tem que fazer tudo. Você não é um bobo que não sabe das coisas que são para fazer, não é isso? Precisa ficar atormentando, mandando, mandando, como sua mente lhe trata, como se você fosse uma besta quadrada. Você é esquecido, um mole, um bobo, irresponsável, inconsequente, leviano. Ela o trata como se você fosse uma criatura que não é. É um desrespeito. Fica querendo que você seja isso, seja aquilo e se não for te culpa. Que falta de respeito é essa, gente?

O que você está fazendo consigo mesmo que permite tanto desrespeito? Até quando vai continuar isso? Já percebeu que você não tem um minuto de sossego? Para sossegar, tem que fazer uma força danada contra a mente. E ela está sempre trazendo uma coisa no meio, e vai sempre atormentando você. Cada passo que você dá ela já vem: "Mas você vai todo assim?" Você não pode ter sossego, não pode ficar desembaraçado: olhe lá, hein?! O pessoal vai reparar. Ou seja, em vez de ajudar, ela fica combatendo, dificultando.

Isso mostra que você se trata como se fosse um incapaz, coisa que de maneira alguma você é. Você não pode ser um pouco alegre que já vem a maldade. Não pode ser um pouco espontâneo que já é louco. Não pode relaxar um pouquinho que já virou vagabundo.

O que é isso dentro da sua cabeça? Pense um pouco como você é desrespeitado o dia inteiro por sua cabeça. Ninguém pode fazer tanto mal como ela faz. Você precisa pensar nisso, mas não é a mente a responsável, porque ela aprendeu assim errado, copiando pai, mãe, gente da sociedade, os outros, tudo quanto é besteira, porque você não estava lá no posto, lá em cima, no comando.

Agora é preciso reverter a situação: "Estou aqui. Quem manda nessa porcaria sou eu. Não vou me deixar impressionar com o que vai passar ou não vai passar". Este é seu posto.

Você precisa ter na sua mão o poder de impressão, o domínio.

Se deixar nas mãos do mundo, só vai ter cada vez mais problemas na vida. Além de ser invadido, tomado, maltratado, quando desencarnar...

Não me desencarne sem aprender isso, porque aí no mundo de vocês todas essas coisas que impressionam e tal ainda ficam mais na cabeça. Machucam, incomodam, enfim, são ruins, mas o mundo de fora continua mais ou menos estável, vocês vão ver televisão, fazer alguma coisa fora.

Porém, quando você perder a matéria e ficar só com o corpo astral, no momento da morte, ao chegar aqui, onde estou, todo esse tormento se torna real, sólido para você. Vira alucinação. Você sai do corpo, morreu, está fresquinho, aí chega a avó que já está aqui há muito tempo, ou um parente para ver se o conduz, e não levam dois minutos aquilo vem tudo para a cabeça. Então, você perde a avó, o parente e fica preso naquilo. Para você tudo aquilo é real. Aí, vai ficar vagando pelo Ipiranga, vagando, vagando, vai ser a alma penada, presa. A gente chega perto e você nem percebe porque está preso naquela coisa que nem louco.

A pessoa fica assim, não é porque não é boa ou deixou de ser boa. Nada disso conta. É que a pessoa não conseguiu se colocar. Não assumiu a soberania mental, e ela não sabe controlar o poder de impressão. Aqui a matéria, a realidade, é muito dinâmica. A realidade se forma com rapidez. As coisas que estou crendo, estou sentindo, já estou vivendo e, se não souber controlar, a pessoa fica ali anos e anos.

 Muitas vezes, quando a pessoa melhora um pouco depois do desencarne, a gente leva para as comunidades de refazimento, que é um lugar aqui perto que está cercado por aparelhos que modificam a vibração. Parecido com a vibração daqui da matéria de vocês, então a pessoa consegue se estabilizar um pouco mais. Mas, se ela entrar muito na alucinação, ninguém mais segura, ela é arrastada de volta para onde estava e fica ali anos.
 Quem é que consegue equilíbrio, não só aí na vida, mas aqui também? A pessoa que não se impressiona, ou seja, a impressão é uma capacidade que temos que precisamos aprender a controlar. Se a pessoa está no controle, chegou a essa soberania, não sofre tudo isso, porque a mente obedece. Tudo quanto é besteira passou, o passado não tem força sobre ela, as memórias não vêm assolando, criando sentimentos esquisitos, porque a pessoa está ali lúcida. Não, tudo isso é só ilusão do passado. Não entro nisso, não absorvo, não concordo e aqui não passa. A pessoa fica dona de si, a mente dissolve aquilo tudo e ela só faz o que a pessoa mandar. É assim que a mente vai aprendendo a lhe obedecer e não é de hoje que ela te trata como uma pessoa incapaz, tornando você seu escravo.

Por isso você precisa reagir. O que é essa reação? Não é uma coisa louca. É algo entendido, com consciência, com verdade.

Aí você é dono de si, senhor de si, soberano, sua mente obedece, trabalha para você, sempre cooperando.

Quando chegar o dia do seu desencarne, agora você já está até sabendo, nada o impressiona. Olhe, tem uma tonturinha, quando vê já está fora do corpo. Já está lá sua avó: "Oi, vó! Tudo bem?" Já se abraçam. Como você ainda está um pouquinho desequilibrada, começa a chorar, entendeu, companheira?

Aí, você já vai se lembrar do bolo de banana, então, você diz: "Pare, pare, que eu mal cheguei e não vou começar com esse escândalo aqui dentro. Não precisa tanto, eu só morri mais uma vez". Um segundo depois você está bem. E olhe, já conversa com um, com outro. Você é bem recebida, entendeu?

Vamos embora daqui, largue tudo isso. "Ah, só vou dar um adeusinho". Aí, você olha para trás: "Ah, não vou dar adeus a ninguém, vamos embora rápido, porque esse povo vai me agarrar com pressa". Todo mundo desesperado, chamando socorro, fazendo respiração artificial. "Vamos embora daqui, já morri e pronto. Também não tenho nada para deixar e estou louca para ver o que está acontecendo aqui. Como será que é? Será que é como aquele neguinho falava, o Calunga? Eu quero saber tudinho!"

A pessoa já sai rápido, lúcida, porque a mente não a aprisiona, não a domina. O que tem que aceitar já vai despachando, entendeu? Já vai na sua aventura, com coragem, com naturalidade. Aí, você vai logo para sua casa, porque você tem casa aqui, se conseguir, se não ficar perdida no Ipiranga. Logo chega, aí vêm aquelas memórias. Então, começa encontrar um, outro nos primeiros dias, mas tudo isso você absorve rapidamente. Depois de uns dias, se quiser, pode dar uma passada para ver como é que estão as coisas lá embaixo, o que estão fazendo com os seus ternos, com suas roupas, com seus bens, só para se divertir com a loucura do povo.

Se a pessoa não chegar com tanta lucidez, vai para a comunidade e fica chorando: "Por que deixei minha filha? Por que deixei meu marido? Não sei o que vai fazer aquele menino. Ai, meu filho que sempre me preocupou!" E fica presa nisso. "Será que ele casou com outra?" É claro! Pergunta besta! Às vezes encontro um aqui, outro ali, pois vou a essas comunidades assim, meio de gente doente, e perguntam: "Aí, você vai lá na Terra? Não sabe se fulano está casado?" Provavelmente já casou. O que eu vou falar? Ainda mais homem. Nem duas semanas e já tinha outra, o que você esperava? "Ah, não. Se ele ama ou não, não quer dizer nada estar com outra." É homem. Depois vai ver se ama. Primeiro dorme junto, depois vai ver se ama, não é, gente? Homem é assim para ver se é tudo bom, se tem um sentimento, se tem alguma coisa. Vocês é que são tontas que demoram dois, três anos de luto. Deus que me perdoe!

Assim é que a pessoa fica mais presa aqui. Fica ruim e, se não aguentar, perde o controle, entra tão fundo que não podemos segurar. Volta para andar desesperada, vai atrás dos parentes incomodar, vai atrás disso, daquilo, é aquele inferno. Muitas vezes cria tumulto, piora a casa de um, piora a casa de outro, e a gente não consegue tirar.

Às vezes a pessoa encarnada reza, pede para levar porque morre de medo de defunto, manda rezar missa, e a desencarnada entra andando na igreja tonta, tonta, e ainda pergunta para quem é a missa.

A pessoa fica presa porque está presa nela. Ela não está presa a nada, pois ninguém fica preso a nada. A pessoa fica presa na sua cabeça, nas crenças, naquelas coisas sempre dominando, dominando, e fazendo um esforço para se libertar: "Deus, me ajude a me libertar!" Não vai ajudar nada.

Ele não vai ajudar porque é uma coisa que a pessoa tem que pôr na cabeça. É você que faz, é você é que diz não.

Espere aí! O que é isso? Coisa do passado? Foi. Para que ficar fazendo isso na cabeça? Ai quanta bobagem! Passou, passou, acabou. Não tem passado. Ah, porque não sei o que passei. O que passou? Passou nada, já foi, sua tonta!

A cabeça ainda vai dominar. Vai ficar lembrando, lembrando. Não pode, minha gente, senão tudo domina vocês. Aí, vocês ficam com medo, ficam fechados, não fazem as coisas que querem e ficam na frustração. Tudo isso é inútil.

O passado é inútil. Ninguém é o passado, nós somos as chances do presente.

É isso que tem que estar aqui na bandeja, na abundância da vida. São as chances do agora. O resto, o que é? É a mente querendo indisciplinar. Se você estragou sua filha, fez tudo para ela, não botou disciplina, ela virou um inferno na sua vida. Para tudo ela berra, para tudo ela chora, mexe em tudo, arrebenta tudo, atormenta a visita, você não pode ir a lugar nenhum, é aquele inferno daquela criança que vocês acham linda e espontânea. É um pequeno monstro que todo mundo odeia. Vão ao restaurante, os outros jogam ódio. Vão para a rua, todo mundo joga ódio, e a criança só mareando, ficando cada vez pior. Aí: "Meu filho, não sei o que tem que só pega encosto". O que ele tem é falta de educação e o ódio das pessoas. "Ah, mas eu não posso traumatizar", entendeu? E fica naquela lambeção.

Uma mãe assim é uma pessoa fraca que não aprendeu a dominar a si mesma, e tudo na vida a machuca. E olhe, a pior coisa do mundo é uma mãe dessas. Como foi criada assim, ela também cria assim. Os pais tentam, querem ser mais duros: "Cuidado! Não fale assim que vai magoar, porque isso, porque aquilo". Eu canso de ver essas coisas por aí.

Mas uma boa mãe tem que pegar essa criança e botar na linha. Ela diz: "É hora de dormir". E a criança naquele escândalo. "Vá para o quarto dormir que está na hora e eu não quero ouvir um pio." Aí a criança faz manha, estrebucha, se joga no chão. A mãe a leva para o quarto: "Fique aí e não me saia desta porta". A criança chora uma hora, duas horas, três horas. A mãe sente no coração: "Não aguento mais. Ou mato essa criança ou eu me mato".

Aí os outros que também não aguentam se atormentam. E a mãe: "Não vou me alterar, não adianta, mente, não adianta. Ele vai dormir na hora que eu quero. Ele tem que aprender a se dominar, a se controlar, a ser dono dele, porque vai ter que fazer isso a vida inteira e mais, eu quero sossego na minha vida. Vou fazer meu serviço direito e não me dobro". E a criança berra e a mãe canta: "Lá, lá, lá". Bota esse negócio que vocês põem no ouvido e deixa berrar. Agora é moderno, não é? Põe uns trens nos ouvidos para escutar música sertaneja, forró ou pagode, não é mesmo? E a mãe não cede, até que a criança não aguenta mais e dorme.

Deu um trabalhão, mas a mãe ficou ali na soberania do lar. Assim a criança vai aprender a se dominar. Não falta nada para essa criatura. Não falta conforto, não falta carinho, não falta comida, não falta espaço para fazer as coisas, não falta nada. Então, vai entrar na linha, sim.

Na noite seguinte a criança começa a querer fazer manha de novo. A mãe coloca o forró na orelha e vai. A criança já faz menos porque vê que não funciona. No terceiro dia ela já está calma e é só a mãe falar que é hora de dormir que a criança se apresenta. No quarto ou quinto dia é só bater no relógio que ela já sobe para o quarto. Assim, todo mundo ganhou. A criança aprendeu a respeitar as disciplinas da casa e aprendeu a se colocar.

No dia seguinte a mãe acordou boa, a criança acordou no horário dela, a mãe pede para ela arrumar a caminha. "Ah, mas eu não sei, mãe". "Vem aqui que te ensino." Porque precisa movimentar tudo. Primeiro, precisa participar da casa. Segundo, tem que movimentar o potencial da criança e já começar com o trabalho. Dormiu, desarrumou, então arruma que é para ter a noção de responsabilidade e do poder próprio e da habilidade de fazer as coisas. Grande parte das pessoas vai dizer que é uma mãe ruim, mas essa é a mãe de verdade. O amor, o beijo e o carinho têm a sua hora.

Hoje você sofre o problema da indisciplina interior, amanhã o seu filho que também não teve vai sofrer muito mais, e você vai se doer de culpa. Assim é sua mente. Uma criança rebelde que foi mal criada. Ela vai dar trabalho. Primeiro que ela não está acostumada com você não tendo poder nenhum: "Ah, você está aí com o Calunga? Tudo bem. Quero ver sem ele como vai ser!" Você não vai fazer nada? "Lá com o Calunga você faz, não é? Você não é de nada."

É assim que sua mente reage. Sua mente reage assim porque ela não crê que você vai manter. Você não mantém sua palavra diante de si, então não é de confiança, e a mente não te respeita mesmo. Porque você é um qualquer, até que ela sinta que mudou. Aí ela respeita.

Assim são os nossos filhos. Você se mata, e eles não respeitam, não dão valor para nada. Se desde pequeno aprender a arrumar sua cama, a fazer isso, aquilo, você não se mata, e ele dá muito valor e respeito para você. Assim, você vai se sentir bem em ver que a criança cresce tendo coragem, que fica emancipada, que cuida se si, tem responsabilidade consigo e toca sua vida para a frente.

Não dá dor de cabeça, ao contrário, te ajuda, leva sua vida e você fica tranquila. Torna-se uma pessoa que sabe se conduzir porque se conduz desde criança. Torna-se independente, respeitadora dos outros e de si mesma, e não deixa qualquer um fazer qualquer coisa com ela. Essa mãe não xingou, não bateu, não disse uma porção de besteiras. Ela impôs o domínio, e a criança teve que ceder e aprender a se controlar.

Nos lares em que isso já acontece, as crianças crescem independentes, donas de si e com responsabilidade. Já onde a educação é muito negativa, muita coisa ruim vem junto. Os pais perdem a autoridade, o respeito e, obviamente, o resultado é pavoroso. Foi o que aconteceu com sua mente. Mas, de certa forma, você aprendeu certos controles e isso foi bom.

Você precisa pegar sua mente, voltar a ter controle sobre ela, jogar fora o que é impróprio, negativo, para que ela lhe obedeça, para que você saia das travas de sua vida, e a mente coopere.

Ela tem que ajudar, tem que falar coisas que você precisa na hora, entendeu? E não tirar de você o entusiasmo, encher você de medo. Xiii! Mas vai ser difícil. Já foi. Parece boba! Tem que dar um jeito. Vale a pena tentar. Pelo menos tente. Vá com jeito.

A mente tem que ajudar você e não intimidar, e não fazer você se sentir envergonhado ou tratá-lo como débil mental e incapaz de fazer as coisas, segurando seu poder, seu potencial. Você não pode descer para a mente. A mente tem que ajudar, porque você, nas situações, está sozinho. É assim na maior parte de sua vida, principalmente nas horas de tomar suas decisões. Nessas horas você não está com ninguém, só com você, não é verdade? Então, tem que haver essa ajuda interior.

Tem cada coisa que a mente de vocês faz... Nunca está satisfeita. É lista de trabalhos, é lista de tarefas, nunca reconhece nada, só cobra. Tem essa coisa de ser perfeito, ser bonito, ser bacana, ser não sei o quê. Maltrata, maltrata, maltrata, fazendo você se sentir uma droga.

Como pode olhar no espelho e achar que você não é bonita? Como a sua mente pode fazer um negócio desses? Quanta coisa boa você já não fez na vida? Esqueceu? A mente repete porque está com isso desde criança. Ela fala igual. Você já fez tanta coisa boa, mas ela não mudou. Mas por quê? Porque você não mudou. Você não assumiu sua soberania. Não adianta as coisas boas acontecerem. Se você não mudar, a mente vai fazer você sofrer.

Quando a coisa está boa: "Iiiiih! Será que vai durar?" Pronto! Já estragou tudo. Na hora do prazer: "Cuidado, hein?! Será que ele vai gostar? Será que vai não sei o quê?" Ela fica dando palpite no sexo. Nem prazer pode ter sossegada e deixar o corpo guiar, deixar o amor guiar, o prazer guiar. "Vê lá, hein?! Será que você vai chegar até o fim? Ajude ele com a imaginação." Ela perturba tanto que você acaba perdendo o pique. Se você tirar a concentração, ela vem com tudo, e pronto. Você não faz mais nada. Qualquer um é assim, homem, mulher, não é verdade?

Só naquele momento em que a gente tenta largar tudo, ficar concentrado no afeto, ficar ligado no corpo, tudo corre que é uma maravilha. Mas, se deixá-la ficar dando palpite, perna para cá, perna para lá, não faça assim, olha o braço, olha o barulho, faça baixinho, pronto. Lá se foram o pique e o prazer! Tem hora que o palpite é bom, mas não é nessa hora, não é mesmo? Com aquele homem ou mulher que você já está há vinte anos, cuidado com o quê? Isso é só um exemplo pequeno de tudo.

Se vai comer, então, a cabeça é um drama. Tem dieta, tem regime, tem culpa, têm as vitaminas, tem o que pode e o que não pode. Gente, ela vem com um relatório imenso. É uma perfeita nutricionista. Para tudo ela tem um comentário. Se é só um chocolatezinho: "Vai começar outra vez? Outra banana?" O que ela tem a ver com a banana se a banana não é para a mente? Comeu? Estava boa, gostosa? Por que não comer mais uma? Puxa vida! O que tem demais? Eu gostei da banana, vou comer mais uma. Você explica para ela. Por que você explica para ela? Quem é ela? Cadê ela? Quem é essa pessoa a quem você tanto explica? Você, tontona, no meio da cozinha explicando para a cabeça.

O número de palpites que a cabeça dá o dia inteiro, que só atrapalha a sua vida, atazana e cansa você, é muito grande comparado com aquilo que ela pode fazer de bom. Ela deve estar aqui para fazer coisa boa, para ajudar, e não para ficar contando as bananas que você come.

Depois, ela dá mais bola para os outros do que para você. Assim que foi ensinada. Tudo são os outros que estão olhando, tudo são os outros, sempre os outros estão presentes nela.

Se você não subir na soberania, aqui não tem nenhum outro. Já vai falando assim. Nem parente, nem filho, nem marido, nem esposa, não tem ninguém. Tem só eu. Pode parar! Tem um monte de gente aqui dentro que eu não quero. E ela continua porque está indisciplinada.

Eu mando. Eu é que digo vai ou não vai passar, entro ou não entro, penso ou não penso, respondo ou não respondo.

Vamos, suba bem lá em cima, soberana, rainha, soberano, rei de si, chame o dragão. Como ele é? Sinta a energia do dragão. Como é a sensação de ser um dragão? Sinta como é ver sua mente submissa, lá em baixo, com tudo que ela acha que é bom, é certo, é errado. "Eu sou um dragão. Estou aqui em cima e quem manda aqui sou eu, sou eu, eeeeeuuuuuu." Bem dragão. Quero uma voz de dragão: Eeeeeeuuuuuu.

Qual é a sensação de estar lá em cima como um dragão? É de poder? Está vendo? Você tinha isso quando era criança. Aí, um dia resolveu ceder para o mundo, para se adaptar. Você se abaixou e perdeu isso. Mas isso é você. Sempre foi dono de si, entendeu o que quero dizer? Autonomia de si. Espere em si, não com os outros. Em si não tem nada a ver com ninguém. Essa é a posição que você tem que ficar para sempre. Porque essa é você dona de si, nariz empinado.

Vai, vamos empinar esse nariz. O que o povo não queria, esse mesmo. Sabe mostrar a língua? Então mostre. Quero ver. Ah, isso você sabe. Está bem. Eu quero um dragão mostrando essa língua atrevida. Vamos, com a força do dragão.

Gente, você era uma criança assim. Você tinha uma força, um domínio de você. Depois perdeu esse negócio aí. Nós vamos recuperar isso, porque você não é mais criança e precisa crescer, e sem essa força não vai poder pôr ordem na sua vida interior, na sua cabeça, nas suas coisas.

Enquanto você não dominar aqui na cabeça, o mundo vai continuar dominando você. Tudo que os outros falam vai te atingir. As críticas, os comentários bestas, as bobagens do povo, porque você não está no seu posto. Para se impor sobre o domínio dos outros, do ambiente, domínio de obsessão, você sobe no dragão. Vamos sentir o dragão: "Eu no meu domínio. Aqui sou consciência, sou luz".

A força da mente vem, eu julgo o que é bom, o que quero, o que não quero, o que vou aceitar, o que não vou. Porque é assim: "Mente, nem fale isso comigo, porque você não tem essa liberdade. Não tem mais o desrespeito aqui". "Não, porque você devia ter sido mais delicada com a pessoa." Devia nada! Eu não tenho pretensões e não dou satisfações. Sou como sou, e eu sou ótimo.

A mente quer apertar, fazer a culpa, judiar. Então, você fica parado que nem a mãe com a criança rebelde. Não vai conseguir nada.

Nunca mais entro na culpa, porque eu sou ótimo e, para tudo que faço, tenho os meus motivos, meus sentimentos, minha verdade. Sou humilde para aceitar isso e estou muito bem.

Não só fiz como vou repetir e acabou. Você é só minha mente, trazendo coisa que aprendeu antes. Olhe, mente, pode parar que não passa.

Quanto mais você fizer isso, mais ela vai te respeitar, vai ter a confiança. Quando você disser: "Isso acabou na minha vida", ela esquece e aquilo some. Ela assume e vai. Ela não bagunça mais você. Não o faz mais sofrer noventa por cento do que você sofre. Desses noventa por cento do que você sofreu, foi por causa da sua cabeça. Tudo era ilusão, tudo bobagem. Dez por cento foi dor mesmo. O resto foi pura inutilidade, não fez nada por você, não lhe ensinou nada.

Mas, se você for soberano, acabou. Quanto mais soberania, mais bota ordem aí. Diga: "Não aceito. Você quer dizer que eu sou uma pessoa inadequada? Eu não aceito. Eu vou com o meu jeito mesmo. Não vou tomar jeito nunca, e isso é só uma impressão no meu período de educação e agora não serve para mais nada. Chega, mente!" Aí ela insiste porque ela não te ouve ou se faz de desentendida. Quanto mais forte, mais ela é dura, intocável, fria, feito um picolé na geladeira, poderosa. Só vai com o dragão. Vá no dragão, lá em cima, e ela lá em baixo, tão baixa que some num pontinho.

Assim, cada vez mais você tem força, poder, soberania, autonomia dentro de si e perante a vida. Não será qualquer coisa que vai te impressionar. Nem notícia de televisão, nem conversa fiada, esses pensamentos horrorosos que te invadem. Não!

"Eu estou aqui, estou vendo que é só pensamento, que é tudo ilusão. Isso não me pega mais, não me impressiona. Só vou me impressionar com o que eu quero. Eu sou ótimo e já fiz tanta coisa boa. Só vou botar coisa boa em mim.

Eu tenho facilidade na vida. Só vou me impressionar com o que é bom, porque tenho o poder de impressão na minha mão para me colocar nos meus objetivos, no meu bem e ter a vida que eu quero ter.

Não só aqui dentro, mas lá fora também. Não me ponho para baixo, não me desvalorizo por ninguém, por nada desse mundo. Sou assim, sou ótimo assim, isso é comigo. Os outros não têm nada a ver. O que tem a ver sou eu aqui diante de mim. O resto só me obedece.

É você diante de si. Não é diante de ninguém, nem de Deus. É diante de você. Se os outros falaram bobagem a seu respeito e você pegou, é porque era trouxa. Não estava aí no poder para se defender de verdade. "Ah, porque você é muito falsa, muito isso, muito aquilo." Deixe falar. Você permanece neutra, impessoal.

Então, tchau, boa noite, não absorvi nada. Aí bota o forró na orelha. É melhor escutar o forró do que escutar besteira dos outros. Melhor escutar um samba, não é, minha filha? Uma música romântica, uma música americana romântica... Você gosta, não é? Não? Um pouquinho? É porque é muito preocupada na cabeça, não é? É empregada da cabeça.

Saia disso, bote sua cabeça onde você quer. Não quero mais essas coisas. Vou escutar música, vou ler uma coisa interessante. Não vou dar palpite enquanto estiver lendo. Já chega. Quando leio o Calunga, eu fico "escutando" ele, e não você, viu, mente? Porque, quando estou em casa, sei como é. Quando estou com o Calunga, você fica quieta e escuta, porque quem manda aqui sou eu.

Fique, dragão. Quero ver esse dragão. É bom estar lá em cima com o poder, não é? A dona de si, a impossível, aquela que vai inteira. É essa força, é essa força. Não baixe, não vale a pena. Quanto mais baixar, mais carpete vai ser dos outros. Não faça isso. Ninguém vai te apreciar assim, porque você fica bem, suas coisas estão bem. Você se sente bem porque tem aquela coisa boa, organizada, bem clara. As coisas andam e você vai na satisfação das coisas. Vai amar à vontade e a cabeça está com você, só dando força. Você se curte e se sente, pois, quanto mais você se sente, mais você é boa para o outro. Quanto mais você tiver o seu prazer, mais prazerosa você é para o outro. O seu prazer, o seu amor, o seu afeto, em vez de prejudicar, ficam ajudando para você ficar satisfeita.

Chegou a hora de namorar, fica lá pensando em trabalho? Não tem outra hora para se queixar? Tenha vergonha! Já passou o dia fazendo um monte de coisa, agora é hora de se queixar? Agora é hora de namorar. "Saia daqui, mente!" Assim a mente vai aprendendo. Por isso que tem gente que começa de manhã, trabalha até de madrugada, vai para a noitada, volta, continua trabalhando com toda força. A mente muda e não absorve as situações. Ela se posiciona e, quando isso acontece, ela se nutre de energia, não se consome e não acabam as forças psíquicas com serviço besta e inútil.

O cansaço de vocês é provocado pela mente de quem não tem ordem, não tem controle, não tem o domínio do dragão, não a deixa calma, educada, fazendo dela um grande instrumento na vida.

Quem tem cabeça calma vale o dobro no serviço, vale o dobro na vida.

Não tem melhor maneira de a gente se qualificar para a vida, para o trabalho, para a riqueza, para todo o sucesso do que a cabeça calma. Não sofre pressão de nenhum lado. "Será que vai dar certo? Se não pagar, como é que vou fazer?" Olhe o dramalhão que você está fazendo com a cabeça. Aquiete-se, cabeça. Ela se aquieta. Vou pensar numa coisa boa, ou não vou pensar nada do assunto.

Agora, ficar me atormentando, além de trabalhar ainda tem que ficar com essa ansiedade, com essa pressão? Aí a cabeça fecha e, quando acontece uma situação, você nem vê com clareza a coisa. Não faz a coisa direito, piora. E, quando você vê, já está pagando, já está levando.

Quando a cabeça está boa, seu espírito se manifesta, você está no domínio. A cabeça assenta, entra na disciplina e o espírito surge.

O nosso espírito é criativo. Ele vê na frente. Vê dez anos à frente. Na hora de fazer os negócios, ele tem aquela inspiração.

Ele vai naquela coisa da frente, só ganhando. Está sempre na frente dos outros.

Quantas realizações são anuladas porque a cabeça não dá condição! Quantos poderes e dons são anulados por conta de uma cabeça que não dá condição! Poderes que fariam sua vida muito mais fácil, muito mais simples, muito mais rendosa, muito mais satisfatória.

Só às vezes, quando a cabeça está melhor, essas coisas vêm. Você fica criativo, mais esperto. São os melhores momentos em que você resolve uma porção de coisas. Então, a gente precisa ficar assim sempre, pois queremos satisfação no que fazemos.

O cansaço não provém do serviço. Provém do trabalho que sua cabeça provoca no serviço. Trabalhar com tensão por causa do desempenho com medo do amanhã? Que medo do amanhã? Gente, que coisa ridícula! E daí, cabeça? Pela milésima vez, não me venha com isso na cabeça. Amanhã é o Deus dará. É o que der. Eu não aceito mais o medo do amanhã.

Aí a mente vem e eu fico só olhando: você aprendeu, mas você vai esvaziar já. Aqui não passa, não passa. Ela vai cedendo, dá coragem para o discernimento. Entra o espírito com a criatividade, com a lucidez, com a esperteza, com a sabedoria. As coisas são reveladas, as ideias se avolumam, percepções escondidas vêm à tona e você percebe mais que os outros. Então, consegue realizar muito melhor que os outros. Começa expressar todo o poder que está em si e não fica na necessidade.

Sempre o mesmo? Você aceita? Acorda de manhã, olha para si e se vê sempre o mesmo? Como é que pode aceitar isso? A mente enganando você? Você nunca é o mesmo quando acorda. Mas, enquanto a mente estiver sem a disciplina, ela não se renova. Para você parece que é tudo sempre igual, sempre o mesmo. Mas, quando subir na soberania e perceber o poder que tem com isso, você transforma suas coisas, sua vida, porque será outra pessoa. A mente sempre vem primeiro. Sempre com as mesmas dúvidas, com as mesmas questões. Têm problemas que já faz uns quinze anos que estão aí. Já virou um problema familiar. Você já fez de tudo e aquela coisa vem à cabeça.

Minha filha, não tem problema nenhum. O que tem é a cabeça repetindo, repetindo. Fale para sua cabeça: "Pare com isso. Eu não sou mais a mesma. Não me venha com essas conversas, com esse problema afetivo de quando tinha oito anos". E vocês entram nisso. Acham que é verdade e põem na cabeça. Você é assim porque passou aquilo e gravou na cabeça.

Vamos lá em cima no dragão da cabeça. Sinta novamente aquilo que perdeu na infância: o poder de si, esse lá em cima, dono de si, dono de dentro de você, dono de dentro da sua vontade, dono dos descontroles internos. Não tem ninguém acima de você. Todas as ideias de submissão, todas as ideias de que tem alguém maior, todas as ideias que Deus está lá em cima, todas as bobagens, isso tudo não faz mais sentido. Não tem ninguém lá em cima, não tem nada, só eu aqui dentro. Tudo é ilusão.

Aqui dentro eu sou a consciência e eu decido. Sou eu que permito ou não. Eu sou lúcido e inteligente. Não sou um objeto da mente, não sou um objeto do mundo. Eu sou eu e decido tudo. Sou dono de mim, faço o que quero da vida e de mim.

Não há limite, o passado não me domina.

Não é porque fui que tenho que ser agora. O que fiz não conta. Desato o que fiz. Fiz, já fiz, já fui.

O que importa é o que aprendi e as habilidades que desenvolvi. O resto, como foi que eu passei, não importa. Mente, não me venha aterrorizar com situações desagradáveis, com experiências em que perdi o domínio, com experiências que eu não soube o que fazer. E daí? Errar é tecnicamente certo para se desenvolver. Eu não me arrependo de nada, não tenho problema nenhum com o erro. É tudo bobagem. Sei que errarei amanhã, errarei naturalmente. Não tem problema nenhum em mim. Pode parar de achar que tenho só porque os outros achavam e você gravou. Não venha com isso. Não estou aceitando nenhuma reclamação, nenhum descrédito. Não vou me constranger na frente de ninguém porque sou assim, sou expressivo, sou do meu jeito e acabou. Falo tudo que vier na telha, e quem não gostar use o dedo e tampe o ouvido.

Pare de restringir você. Pare com esse medo dos outros só porque a mente aprendeu assim. Eu me exponho mesmo, e daí, qual é o problema? Os outros lá fora não são o que minha mente acha que são. São apenas imagens que ela acumulou. Não são a verdade das pessoas. Portanto, eu não aceito medo de ninguém. Quero conhecer, quero ver. Depois vou saber se a pessoa é de confiança ou não, no que ela é boa, no que ela é ruim.

Não venha me encher a cabeça com essas coisas do passado. Tenho vontades e sigo minhas vontades. Eu não penso. Quando penso, penso para me ajudar, para me encorajar, para resolver, penso para me apoiar, para acreditar em mim, para me fortalecer. Penso em tudo o que sou, no que já tenho e em tudo que terei. É assim que penso quando vou fazer as coisas, e penso que sou ótimo.

Se precisar errar para aprender, erro quantas vezes for preciso. Vou em frente e nada me inibe, porque não aceito nenhum tipo de constrangimento da minha mente. Sou cara de pau mesmo.

Vamos! Liberte-se. Assuma o dragão e diga: "Chega! Não tenho que ter vergonha de mim". Imagina! Falou comigo, eu me solto e falo também porque tenho jogo de cintura. Não adianta ficar fazendo lista de coisas para encher minha paciência. Vou fazendo com as razões que eu tenho, como eu quero, quando eu quero e, se precisar mudar tudo, eu mudo. A lista e a programação, eu mudo quando bem entender. Eu sou o poder e não me venha com medo. Não tenho medo de nada. Sinta o poder. A mente não pode mais ter aquele poder negativo sobre você.

Sinta que é um dragão dono de si, que ter feito isso ou aquilo na vida é tudo bobagem, que ter passado certas situações é bobagem. Estou aqui e vou continuar, e essas coisas não vão me segurar.

Minha vida é um sucesso, mesmo que eu tenha tido alguns fracassos.

Tudo faz parte da aprendizagem, mas eu sou um sucesso. É assim que penso e não aceito outro pensamento.

Mente, você vai me respeitar porque não vou lhe dar bola. Você não me domina mais. Estou aqui, e você vai aprender o que quero que você aprenda. Vai funcionar direito quando eu precisar, porque não vou ficar aqui deixando qualquer coisa me iludir. Não vou deixar qualquer coisa me impressionar. Não vou me prender, e você não me prenda. Não quero ficar pensando nessas coisas que me trazem angústia. Não quero sonhar com nada porque não fujo da realidade. Eu enfrento minha realidade interior.

Só de afirmar assim, perceba que muita coisa vai saindo da aura. Muita energia presa começa a desatar quando a cabeça fala e você só fica olhando, escutando quieta. Toda vez que você desprezar, ela vai apagando. Tudo que você der força, valorizar, ela vai alimentando e repetindo. Se você estiver na administração, vai fazendo a reeducação.

E aí, no poder, feito dragão, você fala: "Paz". Paz naquele assunto que ela te tortura, que ela te incomoda toda hora. Você fala assim: "Estou vendo você e não estou aceitando isso que é uma grande besteira".

Ela vai pressionar, querendo fazer um discurso macabro e você: "É tudo besteira. O universo me sustenta e não vou dar mais ouvido, porque cansei do seu discurso. Não sou mais a mesma pessoa. Acabou. Agora é minha hora de paz, nutrição, posse, equilíbrio, firmeza, consciência, lucidez, conforto interior. Uma coisa boa, tenho comigo aqui".

E vêm as sensações porque, às vezes, a mente não expressa na cabeça. Ela expressa nas sensações, então vem uma série de sensações confortáveis. Não se impressione por não controlar a impressão.

"Estou ótimo, tenho uma saúde de ferro e é isso que eu assumo. Eu me impressiono é com isso. Estou melhor que nunca."

Ela quer insistir e você nem aí. Não faça nada, como se ela fosse uma louca falando que ninguém dá valor.

Uma boba. Chame ela de boba, trouxa. Ela vai parando na hora. Se você desfizer dela, ela para. Se entrar na dela, você a alimenta, e ela ganha força.

A gente vai usar isso para os comportamentos ruins. Para os bons, fazemos o contrário, dando força, apoiando. Assim ela vai se condicionando como um animal. Você é que é o esperto, você é que seleciona, decide, pois ela não sabe decidir. É você que tem que decidir o que é bom e o que é mal. Ela só aprendeu e vive repetindo como uma máquina. Você é a pessoa que sente, que vê, discerne, tem filosofia, tem articulação. É você que olha para as coisas e sabe, porque isso aí é o espírito do grande eu, o eu soberano. Quanto mais soberano, mais você enxerga, mais sabe, pois toda sabedoria reside em você. Assim, mais e mais é revelado, como paz, conforto, segurança.

Não aceito a dúvida. Eu sou seguro de mim.

Não aceito nenhuma bobagem contrária da cabeça. Esse não sou mais eu. Agora sou corajoso e vou ficar cada vez mais lúcido, mais esperto, mais audacioso, com coragem de ser meigo, de ser forte, de não ser igual aos outros, de ver minha própria verdade e a verdade de todos sem crítica. Vou ter cada vez mais coragem de aceitar as diferenças, de ter persistência no domínio interior.

Agora, acenda de novo o dragão. Eu estou de volta e não me dobro ao mundo, aos caprichos da moral, do sentimentalismo. Não estou aqui para ser bom ou mal. Estou aqui para ser soberano, funcionar e ser feliz. Não estou aqui para os outros gostarem de mim. Não, sou eu que tenho que gostar. Eu é que moro aqui e gosto muito de mim, estou bem em mim, sou senhor de mim.

Quando quer, você impressiona e se veste por inteiro. Quanto mais a mente for abandonando o ruim, porque ela está sendo cortada e neutralizada nos mecanismos, mais ela absorve o que você vai trazendo. Quanto mais ela for absorvendo, mais vai realizando no mundo o que ela está absorvendo, ou seja, só coisa boa, entendeu?

Percebo que vocês já melhoraram bastante com o domínio lúcido de si. E vão melhorar muito mais. Foi isso que Buda aprendeu.

Buda descobriu, na experiência dele, que, se conseguisse dominar a mente, dominaria o mundo e suas paixões. Isso é consciência plena. Isso é soberania total. Um dia ele conseguiu, ficando quieto, vendo que a mente só passava, sem fazer nada contra ela. Então, ela foi cedendo, cedendo e, quando cedeu completamente, sentiu o espírito dele, o eu dele. Foi se sentindo mais forte à medida que ia dominando a mente, até ficar com o espírito inteiro. Ele atingiu um estado tal que chamou de iluminado, pois estava com o espírito.

O espírito é soberano.

Mas isso não é coisa que precisa ficar cem anos fazendo e sofrendo, minha filha. Tudo isso que aconteceu com Buda ocorreu em menos de uma semana depois da ideia de dominar a mente. Ele quis ensinar e ajudar os outros como alcançar o estado da consciência plena, propondo exercícios. Percebeu que o difícil era descobrir o jeito de trabalhar com os outros.

Vocês estão no mesmo caminho: o de dominar a mente no sentido de obter uma consciência plena da sua soberania. A consciência plena vai se firmando à medida que não permitam serem levados para cá e para lá pela cabeça, como eu disse anteriormente.

Eu não sigo nada que vem da minha cabeça. Fico olhando para ela e, quando olho, vejo só o bem que ela está fazendo. Assim, vou purificando, vou tirando o que não quero e pondo o que quero. Ela vai melhorando sua estrutura, minhas qualidades espirituais podem emergir, meus talentos, meus poderes vão crescendo.

Tudo está em mim. A sabedoria, as soluções, mas elas só vão se manifestar se houver cabeça para isso.

Se soubessem o poder que têm! A solução de tudo, mil rotas. É no silêncio interior, na quietude da mente que conseguimos não ser dominados por ela, fazendo com que o espírito possa se manifestar para seu prazer, para sua grandeza, para o seu conforto. Vocês vão se realizando, se realizando.

Tem que ser agora. Não pode ser depois de morto, nem daqui a quinhentos anos. É para já. Se pegaram bem a mensagem, é para não ficarem mais aí sofrendo em vão.

Aceitem mais as coisas aí dentro de vocês com facilidade. Verifiquem bem que vão começar a enxergar quanta coisa a cabeça faz indevidamente. Ela precisa de sua autoridade firme para poder perder a autoridade dela e do mundo. Ativos e centrados, no prazer e na soberania.

Ação é bom; perturbação, não.

Gente, como essa cidade é intensa! Tudo é tão intenso. As pessoas são intensas. Nossa Senhora, que treinamento! Mas também, quando sai daqui, sente falta. Diz que está muito quieto e não aguenta. Mas é assim mesmo, como o meu menino (Gasparetto) estava falando, não é? É preciso filtrar, não deixar que o ambiente ou a mente da gente se envolva com o que não quer. Se a mente aprendeu a se envolver, pode muito bem desaprender.

Nós temos que selecionar o que queremos que ela sintonize ou não, para não sofrermos o que não precisa ser sofrido. Sempre achei. O povo não gosta que eu fale, mas eu falo. O sofrimento é inútil. Eu acho que não serve para nada. Eu acho que a gente aprende porque é inteligente. Aprende com isso, com aquilo. Não acho que sofrimento vale a pena. Não sei, não. Vocês gostam de um drama, mas não vale a pena, até porque todas essas coisas são da mente. No seu espírito não há nada disso. Na mente também não. Ela só é assim porque aprendeu dessa forma.

Fale: "Eu sou o espírito". Mas fale com alma, com o corpo, senão não produz o efeito necessário. "Eu sou o espírito." Sinta bem essa palavra quando é pronunciada.

Eu sou o espírito e tenho o corpo e a mente.

"Sou eu que vou controlar isso, não a mente."

Nem a mente, nem o ambiente. Qualquer coisa que provoque distração, você não está de posse do espírito. Vamos ficar de posse do espírito: "Eu sou o espírito".

Então, é você que é a lucidez, o que escolhe, o que tem a inteligência, porque essas coisas são do espírito. A gente usa a mente, faz a mente pensar, ela raciocina, ela memoriza, ela fala porque tem a linguagem, ela aciona muita coisa, mas eu sou o espírito.

Sou o senhor absoluto de mim.

Quer ver uma coisa engraçada? Diga assim: "Eu não erro". A mente não acredita. Você reparou como ela não acredita? Ela até leva um choque. Como você tem coragem de dizer isso? E é verdade, por mais absurdo que pareça para a sua mente, você nunca errou. É que você está muito preso na mente e acredita nela, mas não é, não. Você não erra. Você nunca errou. A mente vai insistir que você fez errado, porque ela aprendeu assim. Mas o espírito fala: "Nunca errei". E a mente insiste: "É impossível, eu me envolvi, eu lidei com as coisas, fiz isso, fiz aquilo, caminhei de lá para cá, desse e daquele jeito". Mas o espírito diz: "Eu lidei como deu. Eu não errei porque não erro. Eu faço só o que sei, o resto é a mente". A mente olha para aquela ação e fala: "Ah, mas não cheguei lá porque fiz assim assado, então foi errado". É porque ela aprendeu com os outros: "Menina, você não fez assim, você está errada". Então a mente aprendeu.

O espírito não tem nada disso. Ele não está nem aí. Ele diz: "Estou fazendo como dá. É o meu jeito, é o meu caminho. Não tem outro caminho, não. O meu caminho é por aqui". Oh, como é diferente! Você está sentindo companheira?

"Eu nunca errei. Fiz do meu jeito. Não havia outro jeito. Não havia outro caminho. Sou só o que posso ser em cada momento. Eu nunca errei".

Eu não erro e jamais errarei.

Com o espírito é outra coisa. A mente se torna outra. Quero que você sinta a diferença. Sinta que nunca vai errar, que você vai fazendo o seu caminho, vai entrar por aqui, sair por ali, ter tal resultado.

Tem outro caminho? Não. Mas não devia ter uma vida melhor? Não. Isso é coisa da mente que fala que você devia. Devia como, se nem aprendeu? Você devia ser mais esperto. Não, eu não sou mais esperto. Sou o tanto quanto posso ser. Você devia ser mais tranquila. Como devia se ainda não aprendi?

A mente fala que está errado. Não está errado. Esse é o meu jeito. Mas você não é calmo? Não sou. Às vezes sou mesmo nervoso, e daí? Não tem nada de errado em mim em ser assim. E não me olhe com esses olhos de erro, porque eu sou sempre certo. Ah, mas você está se matando ficando assim nervoso. Está se machucando. É, e daí? É o meu caminho pelo qual estou aprendendo. Está tudo certo. Ah, mas estou precisando moderar. Você é quem sabe. Será que consegue? Ou consegue só um pouquinho e depois esquece? Ah, mas eu não podia esquecer. Podia, sim, e vai esquecer um milhão de vezes até se lembrar. Ah, mas eu devia... Não devia coisa nenhuma. Se pudesse teria feito diferente. O que você fizer sempre estará certo. Sempre será o caminho certo.

Não tem acerto nem erro.
Tudo é só caminho.

Sente leveza quando fala isso? Você sente paz? É porque o espírito é paz. Essa é a verdade, e a verdade só faz bem. Ou melhor, se faz bem, é porque é verdade, é do espírito, e não da mente.

Tudo é caminho. Há caminho errado? Não, minha filha. Tudo é só caminho. Você não consegue sair da evolução. Não pode deixar de existir. Não consegue deixar de agir, nem pode deixar de escolher. Uai! Qualquer caminho é caminho, entendeu? Se tudo é só caminho, então não quero mais culpa. A culpa está proibida. É coisa da mente.

No espírito a gente não tem culpa. Fiz e provavelmente farei de novo, e pronto. Se fizer um milhão de vezes a mesma coisa, é o meu caminho, e se um dia eu parar, parei. Achei que podia ser isso, podia fazer aquilo e fiz. Deu pé? Deu. É o seu caminho. Não deu pé? Vai fazer o quê? Nada. Vai continuar no caminho. Não tem outra opção? Não. Você só é você. Não pode ser outro. Você é só o que pode ser agora.

Eu sou só o que posso ser agora.

Esse é o hino da modéstia para você aprender e ter paz consigo, respeitar-se, respeitar os outros, ter paz com eles e parar de persegui-los, que também já são destrambelhados, e com você junto vai piorar um pouquinho.

Eu estou me referindo aos parentes. Paz aos parentes. É a campanha da semana. Paz no lar, paz em mim, pois cada um está seguindo o seu caminho, nas suas possibilidades reais e não imaginárias.

"Ah, mas eu gostaria... Eu imagino que seria bom." Não, não é seu caminho. Quem sabe um dia, mas agora não. É o que dá pé, o que não dá pé não é. Vejam que coisa profunda! É o que dá pé, o que não da pé não é. É tão simples! Como vocês complicam tudo! Mas complicar tudo também é o caminho. Está tudo certo.

Vocês estão sempre criando problema com essa história de que "eu devia" onde não tem condição de ser diferente e sofrem muito com isso, porque estão completamente fora da realidade. Dá a impressão de que você é uma pessoa de segunda classe, não é verdade? Eu sou de primeira. Sou da elite espiritual, não é, minha filha? Agora é assim, entendeu? Porque eu não erro. Quem erra é o pessoal que acredita nisso, que é a turma do povão. Vocês são da elite espiritual. Não acreditam mais nisso. Está fora de moda entendeu?

Sendo da elite, "eu não erro, eu faço do meu jeito". Olhe, é o espírito. E também ninguém nunca errou porque fizeram do jeito deles. Assim, não tenho rancor de nada. Cada um é do jeito que pode. Não tem ninguém que deveria. "Ah, mas ela devia ser mais sincera." Ela é sincera o quanto sabe, o quanto pode. Se ela ainda mente, é esse o caminho dela. Você também mente quando está com medo. Uai, minha filha! É a verdade do mundo. É onde cada um pode andar do jeito que anda. Ah, isso é conformação. Não, isso é espiritualidade. É ver com o espírito, e não com a mente humana.

Eu queria muito que sua mente não a dominasse, que sua posição espiritual imperasse sobre você, pelo benefício que ela causa em sua vida e nas pessoas à sua volta. Quem é assim se comporta de uma maneira que é uma bênção para todo mundo. Só provoca o bem-querer. Muitas vezes não é entendida, mas também não faz diferença porque ela também não se entende, então, está tudo em família. Ninguém se entende.

De vez em quando, a gente parece que entende, não é? Mas, logo em seguida, nós somos um mistério, ou para você não é um mistério? A vida tem tanto mistério, como é que a gente vai se entender completamente?

Para algumas coisas, dá para dar uma explicação, mas também, para que explicar? Você gosta de explicar, não gosta? Para que explicar? Explicar é não dizer nada de você. É só enganar o freguês, porque, na verdade, você não sabe muito a seu respeito. Mas faz uma cara de quem sabe, não é isso? Só que, daqui a pouquinho, se vê perdida, insegura, não sabe direito as coisas, não sabe nem o que quer, para que lado vai, não é assim?

Tudo é caminho, e o seu caminho é aquele que você vai. Não tem nada de errado nele. Então, fique na paz, fique na sua paz.

"Ah, mas quando é que eu vou melhorar?" Não tem nada para piorar. Não tem nada piorado para melhorar. O caminho é esse mesmo e pare de cobrar o que você não pode, minha filha. Reduza um pouco o seu esforço, o esforço inútil.

Esforço que dá resultado é bom, mas esforço inútil, canseira, esgotamento, sofrimento, para que serve? Fica esgotada, aí fica nervosa, não aceita, fica pensando, se matando, fica exigente, não é? E não adianta exigir porque ficou sem do mesmo jeito. Então, exija menos, aproveite mais, não é, minha filha? Porque o que tem a gente pega, entendeu?

Esforço que dá resultado é sempre bom.

É muito importante que a gente devagar vá se habituando a viver com o espírito. O espírito é do agora, é do momento. A mente é que guarda o passado e se preocupa com o futuro.

O espírito vive já, aqui, no agora, age e reage no presente. Ele é livre porque o presente não tem tempo.

O presente é uma coisa contínua que nunca para. É sempre presente. O espírito é livre. A mente não é. Ela tem compromisso, missão, responsabilidades, promessas. Para a mente tem que ser assim, tem que ser assado, põe assim, põe assado, fecha, prende como um capacete. O espírito não. É livre e é verdade, minha gente. Nele você não fica preso a nada disso porque é tudo mentira. É mentira que você está preso a alguma coisa.

Se eu te chamar agora e você morrer, companheira, não vai largar tudo? Vai provar o quê? Que não está presa a nada, que é só uma fantasia da mente. Então, não fique com as fantasias da mente, não perca de vista. Você é livre de tudo, minha filha.

Você faz porque quer, porque tem interesse, porque acha que são importantes certas coisas. Tudo bem. Mas você é livre na hora que disser tchau. Vai para cá, para lá, é assim, é assado, e acabou. Ninguém te cobra.

Deus não cobra, ninguém cobra, ninguém tem nada com isso. Quanto mais evoluído o ser, menos palpite dá na escolha do outro. Dar palpite é coisa de gente atrasada que nós nem vamos escutar, porque agora somos da elite e compreendemos que é um povo atrasado. Agora a liberdade é nossa. Já é, não é uma opção. Ela já é.

Eu sou livre.

Sempre houve pessoas que vão do jeito que querem, independentemente da sociedade, da cultura. Fazem a vida como querem e estão aí na mesma sociedade, na mesma cultura, na mesma época, não se impressionam com o povo, porque agem com o espírito.

Já com a mente, não. Olha os outros, tem cuidado com isso, com aquilo. É que o medo é coisa da mente. "Ai, o futuro! O que vai ser se eu fizer, se não fizer?" O espírito não está nem aí com a mente, porque espírito é coragem. Fale:

Eu sou coragem e ousadia.

Não ligue para a mente porque ela não concorda, pois aprendeu diferente. E ela concordando, ou não, não faz diferença, porque quem manda aí é você. Você ordena que ela cale a boca, ou entra na dela. Você decide. Se você disser: "Não quero esses pensamentos, agora não vou aceitar, vou para a outra coisa". Você entra na conversa do povo, na conversa da religião, na conversa da mente até o dia que você quiser, porque na hora que quiser voltar atrás você volta, porque você é livre, não se esqueça disso.

A mente hipnotiza e você pensa que está num beco sem saída. Tudo que você vai fazer, a mente põe um monstro de medo, um monstro de uma coisa ruim. Quando você percebe, não tem mais condição de agir. O que é isso? Nada. É só a mente. Não é a verdade da vida.

A verdade da vida é o espírito, o resto é conceito, não é verdade.

Você é livre e pode sair por esse mundo, fazer o que quiser, chutando o pau da barraca, acabar com tudo, mudar de país e fazer o que bem entender.

Eu quero que você sinta que pode, que a mente não a domina, porque, se você não vai, é porque tem algum motivo pelo qual acha interessante, porque gosta disso, gosta daquilo.

A motivação, o gosto, a conquista, o querer chegar lá têm a sua coisa, mas que não seja alimentada pelo medo. Você é coragem e não pode escutar a mente. Por isso que a gente fala em espírito na mente, e ela vai escutando e vai trocando as coisas velhas pelas novas. Você tem que dizer para ela: "Olhe, mente, não sou mais o mesmo. Agora sou da elite. Não quero mais essas conversas na minha cabeça. Eu sou livre".

Qualquer problema é invenção da mente. Tudo na sua vida são só situações e mais nada. Sempre haverá situações e mais situações porque a vida não para. Acaba uma e começam dez.

Agora que você está no espírito, na elite, precisa habituar-se a dizer: "Ah, é só uma situação". A mente pode querer voltar ao antigo, e você, firme: "Ah, é só uma situação". Mas isso aqui agora vai dificultar as coisas: "Ah, bobagem!" Não tem facilidade nem dificuldade. As coisas andam no seu ritmo. Eu também não tenho dificuldade nem facilidade, tenho o meu ritmo.

Vocês têm que parar de ter marcas, parar de viver as marcas que a mente fez, que o mundo lhe ensinou. O espírito é livre e não vê a vida assim. Ele vê a aventura. Ele vê a experiência de tudo. Você vai sair vivo de tudo. Você vai sair bem hoje ou amanhã, não importa o que passe. O espírito não está nem aí, não se impressiona, e você não sofre.

Você sofre quando ouve sua mente, porque ela faz uma tragédia com tudo, e você aceita o que a mente fala: "É mesmo. Isso é um problema. Isso não se resolve. Como vou fazer?" E você entra na dela e fica naquela porcariada sua lá, andando por aí feito uma alma penada.

Mas não adianta. Foram tantas vezes que você foi assim e já passou. Então, viva no espírito. Eu sou livre e corajoso.

Meu caminho é só uma aventura passageira. Tudo, tudo, tudo passa.

Eu não sou de ninguém, e ninguém é meu. Então, vamos viver no espírito. Não me faça outra coisa que você vai sofrer.

Acorde para o espírito. Ninguém é meu, e eu não sou de ninguém, de ninguém, mas de ninguém mesmo, nunca. Esteja pronta para morrer hoje. Nem comece a mudar a cara, senão você está mostrando que está apegada. Não se apegue, porque não adianta mesmo. Tudo vai passar, tudo vai acabar. O pior é que vocês acham que não. E não aceitam, porque era bom, era isso, era aquilo, e choram, e sofrem, e todo fim é sofrimento. Isso é ignorância da mente.

O espírito acha ótimo acabar porque cansa ficar sempre na mesma coisa, entendeu? Espírito cansa? Cansa, porque fica irritado de tanto ficar na mesma coisa. Não aguenta mais, quer dormir, perde o interesse.

Graças a Deus, tudo passa. E eu dou graças a Deus que tudo passou. "Ah, mas foram tão bons aqueles momentos!" Foram. Passaram. Largue de ficar enganchada ali. Por quê? O de hoje não é bom? É, mas a minha mente fica falando, falando.

Olhe, não foi tão bom assim, pode ter certeza que não foi. A mente faz um escândalo com as coisas, tanto para o ruim como para o bom e, quando vocês contam, parece que foi mesmo. Chega lá não foi tanto assim, não. Você é que incrementou o beijo dele. Não foi tão bom assim. Você que estava apaixonada e foi só um beijinho assim meio molhadinho e não foi tão bom. É que é a paixão. A mente fez aquilo ficar um beijo inesquecível, não é isso? Assim prende aquela coisa na mente como se tivesse sido a melhor coisa do mundo. Não estou dizendo que não tem beijo bom, mas, provavelmente, não foi aquele que você fez tanta propaganda. Foi aquele que aconteceu de repente, sem pensar, não é, minha gente?

Eu não sou de ninguém, e ninguém é meu.

Vamos pensar nos parentes. Vamos, deixe ir. O espírito está sempre pronto para deixar ir, e você faça-me o favor de fazer o mesmo. Foi embora? É, já foi. O bom é que já foi, se aproveitou. Se não aproveitou, se danou. Isso aí está bom. Use e abuse, aproveite e deixe passar. Nós já falamos isso, mas está demorando para vocês entrarem no conceito.

Não sou de ninguém, nem de filho, nem de marido, nem de esposa, nem de familiares, nem de amante, nem de ninguém, e ninguém é meu. Na minha hora vou e acabou. Se me der na louca, eu vou mesmo para qualquer lugar porque sou livre e eu sou meu.

Tem gente aqui que ainda está muito ligado no que foi, sofrendo, carregando pesar, carregando lástima, carregando ressentimento, carregando dor, aprisionando uma besteira da mente.

Doutrine sua mente. Diga para ela que acabou. Não penso mais nele. Chega, porque eu sou livre e vou para a próxima aventura da minha vida, para viver intensamente, viver o meu momento no melhor que eu sei. Isso que é vida boa. Não ter passado, não ter futuro, estar no presente.

O espírito só quer estar presente em tudo que faz, lúcido, pleno, solto ali, pronto para responder, pronto para agir, para se divertir.

Eu nasci para o prazer. Faça cara de safado. Eu quero que o corpo sinta. Oh, meu Deus! Precisava dizer isso dez vezes por dia, como uma prece. Vocês têm que aceitar o prazer.

Como vocês são duros de aceitar o prazer! Ficam caçando coisas com que se incomodar, é uma coisa! Está no sofá, está tudo bem, mas fica caçando alguma coisa, porque a empregada não limpou ali, fica caçando o que falta na cozinha, precisa ver o que falta na comida, o que falta não sei o quê, o que falta, o que falta, fica no "que falta". Não, meu Deus! Eu quero é que você se falte.

"Eu nasci para o prazer e para o melhor", mas só que o melhor precisa ser posto no meu melhor, porque o meu melhor é diferente do melhor do outro.

Eu nasci para o meu melhor.

Vamos lá. Beleza! Vamos sentir essa frase. Quando você joga a frase, percebe que vem uma coisa boa lá de dentro, não é? Sua mente precisa se prender aí e pensar de acordo com essas frases. Eu sei que a mente aprendeu que tem que se conformar com a meia-boca, por quê? Onde já se viu? Não dá, tem que ser modesto, tem que ter paciência com a vida, não se pode ter tudo na vida, pipipi, blá-blá-blá, mas eu digo em espírito: "Não".

Se tiver que aguentar, vou aguentar, se tiver que passar, vou passar. Vou lidar como eu sei, mas eu não aceito, nem morto. Eu, morto já estou. Então, é para sempre. Não aceito, não aceito. Eu não nasci para o ruim, eu não nasci para ter desprazer, essas besteiras todas. E não gosto, não vou nunca gostar, não vou me tapear, não vou me conformar. Eu gosto do que é bom, e todo mundo aqui também.

Assim, se tiver que passar por aquilo e tiver que lidar com aquilo, e não se vê outra saída, é meu caminho. Vou encarar da melhor maneira que souber para sofrer menos, no entanto, em espírito: "Universo, vamos ter uma conversa. Senta aqui. Eu não aceito. Isso deve ter sido mandado para o endereço errado, esqueceram o pontinho do e-mail e caiu no meu. Esse não é meu. Você se enganou, porque eu nasci para o melhor. Isso aqui não tem nada a ver comigo. Hein? Que porcaria é essa? Não sei quem fez isso porque não é meu, não. Leve essa porcaria daqui! Não adianta passar para mim. Deus que me perdoe, universo! Você está totalmente enganado".

Minha mente é ignorante, eu vou continuar doutrinando-a, mas saiba que isso não é meu. Eu não gostei, universo, e estou te olhando feio porque isso não é coisa que se apresente no destino de uma criatura extraordinária como eu.

Vocês têm medo disso, do extraordinário. Se mandasse para o depressivo e dissesse que você é uma porcaria, podia aceitar, mas para o extraordinário, não. Não é? Engraçado! É impressionante como sua mente é mal-educada. Só aprendeu porcaria, não é, minha gente? Não. Ela não aprendeu só porcaria, ela também aprendeu coisa boa, mas têm umas coisas ruins aí.

Fale: "Eu sou extraordinário". Afirme.

Tem que falar com alma. Eu quero que a mente fique perturbada, impressionada e revoltada. Vamos provocá-la. Outra vez:

Eu sou extraordinário, maravilhoso.

Ela ficou até nervosa de tanta força. Ela nem sabe mais o que pensar. Portanto, eu nasci para o melhor e não adianta mais tapear mesmo. Vou confessar toda a verdade: o que é porcaria, eu não gosto.

Eu nasci para a beleza.

A beleza! Quem pode viver sem beleza? Ninguém, gente! Não há nada mais espiritual que a beleza, Deus que me livre de gente feia! Eu nasci para a beleza. Claro que eu falo da beleza do ser. A beleza estética, obviamente, também tem seu valor, não é? Mas estou falando da beleza do ser. Tem gente que é gostosa, é bonita, é bom de estar com ela e a gente ama. Ah, como é bom tudo isso!

A pessoa que tem essa coisa de espírito, assim vibrante, que vive no espírito, que não vive no sacrifício da mente, é porque é bonita e se gosta. Assim, essas pessoas de elite como você. Gosta de mim, gosta de você, gosta vagabundamente. Quando você está assim, sai uma luz, sai uma beleza.

Tem que ser bonito, não tem jeito. Gente feia não dá, pelo amor de Deus! Universo, senta aqui. Eu não quero gente feia na minha vida, porque não tem nada a ver comigo. Olhe para mim. Sou um espetáculo! Eu alegre, eu com todo o meu charme, eu com toda a minha coisa legal, eu sou ótimo, não é, gente?

Sabe o que é? Você já se sentiu assim. Já se viu assim e depois que a mente entra, fica com vergonha, parece um caipira, entendeu? Aí, já fica com bobagens dos outros e deixa de ficar bem. Então, pede isso, pede aquilo.

Quando você entra com seu espírito, é outra coisa. É quando a mente entra com essas porcarias que você deve lutar contra: "Eu não aceito essa porcariada na minha mente, essa pobreza de mente, porque eu sou maravilhoso, um espetáculo, eu sou ótimo demais". E fala para os outros, para todo mundo ficar irritado. Brinca mesmo. Vai fazendo, vai fazendo, vai brincando, mas vai botando uma educação na sua mente, uma educação no seu espírito. Porque, quando ficam aquelas drogas na mente, ela acaba atraindo porcarias, conforme está educada. Nas coisas boas, ela traz coisa boa; nas coisas ruins, atrai coisa ruim.

Quando você muda, companheira, vai perceber que a mente começa a mudar também. Ela vai entrando devagarzinho, com a brincadeira, pois ela pensa que tem a realidade da vida. E quem quer essa realidade aí? Eu não gosto de realidade, eu não sou realista.

Eu sou verdadeiro e não realista. Eu sou da verdade, e a verdade está no espírito.

Realidade é o que a mente criou a partir do que você acreditou. À parte disso tem o espírito e a verdade dele.

Realidade é o que se tornou real. Você acreditou em perseguição, hoje é perseguida. Virou sua realidade. Você acreditou em falta, hoje falta uma porção de coisas. Você acreditou em inveja e encrenca, agora tem as invejas e as encrencas lá onde trabalha. Você criou. Bem feito!

A realidade se cria, a verdade, não. A verdade é. Não vai mudar, não importa a realidade que viva. A verdade já está aqui sempre, e a verdade é o que estamos falando aqui, que sou ótimo.

"Ah, mas estou mal, estou ruim, minha vida não está boa." Você entrou em todas essas coisas da mente, acabou se confundindo, acabou se embaralhando toda. Você está temporariamente aí nas ilusões da mente, mas o espírito, eu luz, eu espírito sou ótimo. Eu sou ótimo porque me tirei dessa mente, dessas encrencas que eu me envolvi aqui na mente.

Meu Deus! Qualquer um aqui em espírito é ótimo, cheio de humor, cheio de inteligência, cheio de graça, terrível.

O que você precisa é de cuidado com a mente. Mente é um problema porque ela pensa, pensa, pensa uma porção de besteiras e você acreditou nela. Mas, agora, você não acredita mais tanto na mente, não é? A gente filtra com as ideias espirituais, a gente bate de frente. Então, não há nada que possa te contradizer em toda sua existência que não seja um espetáculo, que não seja ótimo.

Eu sou sempre ótimo, já me virei com cada coisa que eu nem sabia como. Ninguém aqui é especialista em morrer, mas, quando morrer, vai se virar, e a vida também não está preparada para o amanhã. Ninguém está preparado para o amanhã, nem eu, nem ninguém, mas, quando chegar, a gente vai dar um jeito, porque somos ótimos. Somos fabulosos.

Como é que conseguimos viver num mundo, numa ignorância do tamanho que tem e ainda dar certo? É porque somos ótimos, não é? Que nem o Brasil que ninguém sabe por que é que funciona, não é isso? Mas é ótimo. Ninguém quer sair daqui, e acabou. Se sai, quer voltar.

É assim que é a vida, minha gente. Fazemos coisas incríveis, mas a mente não considera aquilo incrível. Todo dia é um dia muito grande e você vai naquele ritmo, não pensa nessas coisas, mas todo dia é um gesto de coragem de sair, de fazer, de levar, de enfrentar tanta coisa com naturalidade e leveza, faz até com uma certa displicência. Isso é ótimo demais!

Quanta coisa que já passou por cima! Passou e foi, não é? Quanta coisa maravilhosa você já fez na vida, não? Porque você é ótimo. A mente é que fica guardando sempre as pequenas coisas, aquelas coisas que foram feias nos momentos intensos. Então, dramatiza mais, guarda e quer passar para nós que nós somos aquilo.

Muitas vezes nós passamos momentos ruins porque a mente atrapalhou em vez de ajudar, falando bobagem, dizendo besteira. Em vez de ajudar, ela nos deixou mais nervosos, combatendo-nos. A mente não pode combater. Ela vai ter que aprender, de uma vez por todas, que a minha opinião é mais importante do que a do povo, que eu sou ótimo e ponto final.

> Sou livre e mereço o melhor, porque eu só vou ser feliz mesmo com o melhor. Eu e o melhor somos um.

Vocês têm que beber isso. Vocês precisam parar de guerrear, precisam não aceitar deliberadamente o pensamento, procurar a beleza nas coisas, procurar as coisas que são belas para passarem horas olhando para coisa boa, bonita, seja uma loja, seja um objeto, seja uma paisagem, seja um livro, seja música, seja qualquer coisa, entenderam?

Vocês precisam do alimento da beleza para se sustentarem, porque o mundo vai jogar muita porcaria, e vocês têm que fugir dela e se alimentar de beleza para que sua energia fique boa e suas coisas andem bem. Beleza é fundamental.

Olhe, gente, pelo amor de Deus! Se tiver alguma coisa na sua casa que você não gosta, jogue fora. Chega lá hoje, quebre. É melhor que não tenha nada. Tire tudo do caminho e fale que seu estilo agora é clean, entendeu? "Ah, mas foi minha cunhada que me deu." É uma porcaria horrorosa. Jogue fora. Fale para ela que quebrou. Você sabe muito bem o que vai falar de mentira. Nisso você é ótima, não é, nega?

Então, não aceite coisa feia em casa. Largue tudo. Jogue fora. Cansou? Mande embora. Ponha coisa bonita, arrume seu canto bem, faça a coisa ficar bonita para se sentar lá e apreciar o belo que te abastece.

Olhe para a coisa bonita e escute o som bom. Não tem música antiga nem moderna. Tem música boa e música ruim. Assim, pegue o que você gosta de bom e encha esse seu espírito. Dê esse tempo para você, mas pare a cabeça, pare tudo e preste atenção na música. Preste, preste, preste atenção em cada nota, cada nuance. Desconcentre de tudo. Só se concentre na música e sinta. Deixe o espírito abrir caminho por intermédio da música no seu espaço mental.

Deixe-o ajudar a romper as arestas, as paredes, os muros que a ignorância da mente ergueu no tempo em que ainda você não a comandava, entendeu? Daquele tempo em que você era de segunda classe e ela queria te perturbar.

Vamos falar a verdade, não tem nada mais importante que você.

Eu sou a coisa mais importante da minha vida.

Isso. Eu sou a coisa mais valiosa também. Como nada levo, só eu, então, a única coisa que eu tenho mesmo sou eu. O poder aqui sou eu, o valor sou eu para mim.

Posso amar muito uma pessoa, mas a lida é dela. O caminho sempre muda, e os destinos sempre se separam um dia, não é verdade? O amor fica, mas as pessoas andam. Andam porque precisam andar e porque também enche o saco ficar muito tempo com a mesma pessoa.

Quando é muito bom, muito bom, muito bom demais, também cansa, já reparou? Por isso que vocês falam: Ai, é bom sair e viajar, mas como é bom voltar para casa, não é verdade?

Tem coisa que é muito, muito, boa e, depois de um tempo, cansa. Cansa porque não é só o bom, e a gente precisa de variação.

O espírito só gosta. A mente é que fica pondo regras no que gosta. Quando se é livre, quando se está no espírito, ama-se incondicionalmente. Eu amo, eu gosto daquilo sem condição nenhuma.

Pense: amor incondicional, qualquer um, qualquer hora, bem solto. O coração tem que ser livre. Não é só de pessoas, de coisas. Gostar é gostar.

"Ah, Calunga, pensei que gostar de pessoa era diferente de gostar do dinheiro." Claro! Dinheiro é mais importante que pessoas. Pessoas a gente troca, já o dinheiro a gente quer ele, não é? Ainda mais que você já vem trocando há muitos séculos. Cada vida tem uma meia dúzia. Chega uma hora que você já está bem rodado. Isso ou aquilo não faz muita diferença. Agora, o dinheiro faz, não é?

Minha gente, brincando, brincando, vamos entendendo que nada é tão importante. Tudo depende. Se você tem dinheiro, quer amor. Se tem amor, quer dinheiro. A gente quer os dois, não é isso? O que é bom é bom, o que não é não é.

O que é bom, a gente quer.

Então, nesse momento, quando você gosta, você gosta, o espírito gosta. Gostar de qualquer coisa é fundamental, mas aí vem a mente: se você gosta, tem que ter, tem que comprar. Não tenho que comprar só porque gosto daquele carro. Quando eu gosto, eu gosto, mas não preciso comprar, a não ser que precise realmente trocar o carro.

Ah, mas eu gosto de fulano, eu tenho que estar lá. Não tem coisa nenhuma. Gostar é só gostar. Mas, se eu gosto, tenho que lutar pela felicidade do meu filho. Não. Primeiro, é ele que luta por ele. Você só está atrapalhando. Segundo, gostar é só gostar e não precisa de motivo.

O espírito não tem ideia nenhuma, ele só gosta.

É a cabeça que diz se você gosta e é filho, tem que fazer isso, fazer aquilo por ele, porque ser mãe tem que fazer assim, assado. Ser amiga tem que agir dessa maneira. A cabeça é que põe as regras, as condições. Só vou gostar se a pessoa também gostar de mim. Isso é mentira, porque tem muita gente que você gosta e ela nem sabe que você existe. Geralmente, o ator, o cantor, que você conhece e adora de paixão nem sabem que você existe. Isso não impediu que você gostasse.

Gostar é gostar sem precisar pôr condição nenhuma. Não espere que as pessoas, as coisas sejam desta ou daquela maneira para poder gostar. Goste vagabundamente como o espírito que só gosta de gostar.

Percebo que ultimamente você não está gostando. Está muito chato, muito chata com as coisas, procurando problema em casa, nos outros. Cadê o gostar? Não tem vida boa sem o gostar, gente, sem viver para o prazer. Quando digo: eu nasci para o prazer, eu nasci para gostar. Não sou obrigado a gostar de tudo. Não me sinto obrigado a me forçar, mas eu gosto do que gosto e eu gosto de gostar.

Gostar é essencial para receber. Quanto mais você gosta, mais sua mente sabe que tem que trazer essas coisas boas para a sua vida.

Não precisa ficar rezando, pedindo, desejando, se arrebentando. Quando você sabe que gosta, que você tem o gosto do espírito, o gostoso da vida aparece em tudo. "Ah, eu gosto muito da minha filha!" Um dia ela vai embora, vai morar na Austrália, e aí fica com raiva de você e não quer mais saber de você por vinte anos. E daí? Vai ficar chorando, nhé, nhé, nhé? É minha filha? Só gosto se ela está perto de mim? Ela que se veja com ela. Gosto dela mesmo assim e num dia tudo se esclarece. E, se não esclarecer, não faz diferença, porque eu gosto assim mesmo. Não preciso ter para gostar.

Quando você fala isso, quando você tira a condição, o gostar é uma paz tão grande, é um prazer tão grande, que nada vai te incomodar. Nenhum pensamento da mente vai incomodar o seu gostar nem obrigar a fazer isso ou aquilo.

Não imagine nada. Gostar já é completo, gostar é o seu prazer. Eu tenho o prazer de gostar e não me cobro nenhuma atitude, nem minha, nem de quem eu gosto. Isso é independência, liberdade do espírito e aí você vai ver como tem coisa que você gosta na vida e como tanta coisa vai lhe fazer bem.

Esse gostar vai provocar um aconchego dentro de si. Sabe por que vocês querem sentir aconchego? Porque aconchego é sentir o gostar quando o gostar para de ter condição. Vocês põem tanta condição que acabam não gostando de nada. Então, ficam naquele abandono, naquela secura de aconchego.

Quando você se deixa gostar — e a gente só se deixa quando não fica enchendo a paciência que gostar tem que assumir os problemas da vida da pessoa, fazer todo o sacrifício para ela, todas essas besteiras de condições —, quando você se vê livre, então, a alma gosta e o espírito se ilumina num prazer, num aconchego, numa coisa tão boa que vale a pena viver sem motivo nenhum. Pequenas coisas enchem o seu coração.

Eu gosto e sou livre para gostar.

Eu me deixo sentir gostar, eu não penso, eu sinto. Aprendi a gostar porque aprendi a me deixar gostar do que gosto, só pela arte de gostar, pelo prazer de sentir.

Quanto mais esse prazer flui no seu corpo, mais coisas boas ele traz, porque o gostar é a essência básica do nosso espírito. É a essência luminosa da gente.

Quando eu gosto, é Deus tendo prazer em mim.

Uai, sabia que você é Deus? Porque, toda vez que você sente, é Deus sentindo. Toda vez que tem prazer, é Deus tendo prazer em você. Eu achei isso tão lindo! Eu achava que eu era separado, mas hoje eu sei que não sou separado.

Eu sou Deus. Meu espírito é um espírito divino, então, quando eu sinto, é Deus que sente, porque tudo é Deus.

Quando descobri que isso era a consciência do universo em mim, descobri também que a melhor coisa que eu poderia fazer para agradecer a Deus era me fazer feliz. Olha que lindo! Como é me fazer feliz? Não é obter as coisas, não. É deixar eu gostar. É olhar para a coisa que eu gosto e me encher dela. É escutar o que eu gosto e me encher daquilo.

Quando gosto, gosto, sinto todo o meu corpo se iluminar, toda a minha aura se expandir, toda a minha mente se acomodar, amansar, sair dos medos, sair da solidão, sair da negatividade, tudo fica anulado, e a gente fica num bem!

Às vezes, a mente tem medo, pois ela aprendeu a ter medo de gostar. É como se ela dissesse: "Olhe, você está muito feliz, mas daqui a pouco vai sofrer. Não se iluda". Ou então: "Iiiiiih, vai ficar agora o dia inteiro só com isso? Parece bobo?"

A mente repete tudo que escutou e aprendeu dos outros. Muitas vezes, quando a gente está admirando, contemplando uma coisa bonita, e os outros vêm se meter, querem dar palpites na nossa vida e permitimos, a mente aprende e depois acontece isso. No entanto, se você acalmá-la, discipliná--la, ela começa a obedecer. Da próxima vez diga: "Não, não, não. Eu gosto e me deixo gostar".

Quando você vê uma roupa que gosta, ou qualquer outra coisa, diga: "Ai como eu gosto disso!" E se deixe gostar. Quando vê uma pessoa bonita: "Ai que pessoa bonita!" Gosto muito e me deixo gostar, me deixo sentir.

> **Não se cobre nada. Não precise de nada. Não tenha que fazer nada. Não tenha que imaginar nada. Você não deve nada a ninguém, nem a você.**

A mente não se intromete porque não tem perigo nenhum só gostar. Naquele instante é só sentir e pronto. Deixe a energia de prazer fluir sem que a mente interfira, senão ela quer disciplinar, quer controlar e só atrapalha aquele momento de bênção, de alimento. Você precisa se perder inteiramente no gostar, pois precisa de sensibilidade, precisa de carinho.

O gostar é o sentimento como se alguém tivesse trazendo carinho para você. "Ah, gostei demais desta casa! Que coisa linda!" Fique admirando. Então, você é acarinhado, nutrido, se sente fortalecido. Não permita a intromissão de nenhum pensamento do tipo: "Quero essa casa, vou comprá-la". Sou puro gostar. O estilo dessa casa me agrada muito. Eu sinto o agrado e não tenho compromisso nenhum. Não tenho que sonhar que amanhã vou ter uma casa dessa. Não tenho que comprar se tiver dinheiro. Não tenho que nada. Pode ser que o faça, mas hora de gostar é hora de gostar. Agora só estou gostando.

Pelo amor de Deus, não me compre casa que você não gosta! A casa é como um templo. Se não gostar, reforme tudo correndo, porque tem que estar bonita para você gostar. Chegar ao seu espaço e saber que está tudo tão arrumado, porque é lá que você vai se encontrar. É lá que você vai descansar do dia. É lá que você vai ter o seu momento de meditação. É lá que você vai ter seu momento de aconchego, de carinho com tudo que você gosta.

Todas as coisas materiais boas da Terra são importantes. Estão aqui para servir a gente. Tudo que é beleza, tudo que é funcional está aqui para dar alimento espiritual. É mentira que as coisas materiais não são do espírito. Se não fossem, não teríamos vindo viver na matéria. O espírito não iria se encantar com as coisas da matéria. Se ainda nos criamos na matéria, se estamos aqui vivendo na matéria, é porque é para usufruí-la, e o espírito ama isso. As coisas bonitas da matéria estão aqui para nosso espírito se fortalecer e se alimentar delas.

Procure com os olhos as coisas bonitas. Encha o ambiente à sua volta de coisas bonitas. Veja as coisas bonitas das pessoas. Deixe-se gostar do que é engraçado, do que é divertido, do que é bom. Deixe-se ter prazer.

Vá atrás para olhar, para ver e esqueça o resto, mas que tenha uma alimentação do espírito tão forte, tão forte, tão forte, que essa vida valha muito a pena.

Não se aprisione em compromissos que sua mente marcou. Não se sinta obrigado a ninguém, devendo a ninguém, responsável pelo sentimento ou pela mágoa de ninguém. Goste simplesmente por gostar porque, se começar a pôr muitos motivos, ou porque é minha filha, meu marido, minha mãe, você vai desistir de gostar, pois ninguém aguentará você e, em consequência, perderá a alegria de viver. Quando você perceber, o gostar já sumiu. Aí, você já está com ódio da pessoa, porque os motivos fizeram com que as pessoas virassem um tormento na sua existência, onde começou com o gostar. Quem é que tomou o gostar? Foi a alma? Foi o espírito? Não, foi a mente. Ela fez aquela companhia se tornar um inferno.

Vocês se gostavam e se casaram. Então, a mente achou que tudo tinha que mudar. Ela pôs tantas condições que acabou por estragar o relacionamento. Acabou com a graça toda. Acabou com tudo que havia, começaram a se odiar dentro de casa, a não se tolerarem mais, cheios de cobranças e virou aquele inferno. Já não há mais nem sentimento, já nem se lembram se tiveram algum. Só restaram mágoas. Cada um fica na sua, como se diz aí. E vocês chamam isso de relacionamento.

Ah, pare com isso, gente! Que pobreza de espírito! Isso não é coisa de elite. Agora nós somos da elite espiritual, lembram-se? A gente gosta, mas gosta livre, gosta solto sem impor condições.

As pessoas vão dando o que elas querem dar, e você pega se quiser pegar. Não se pode matar o prazer. O prazer precisa continuar. Não estipule regras que você não vai gostar de cumprir. Não aceite regras de ninguém e não imponha regras para os outros para poder gostar, do tipo só vou gostar se você fizer isso, se for assim, assado.

Ah, pare com essa frescura, que é coisa de ignorante. A pessoa pode cobrir você de ouro e acaba não gostando, porque quem gosta é o espírito que nem quer saber da mente. Não se torture com a sua mente, não valorize a pessoa gostada, valorize o seu sentimento.

Não é importante o que a pessoa sente por você. O importante é o que você sente por ela.

Você não vive do que ela sente, mas do que você sente. Gosto da pessoa e não ponho nenhuma condição e sou livre nisso. Isso é que é bom. Eu sou um espírito livre para gostar e não vou me torturar com condição nenhuma. Ah, mas se for assim, Calunga, não vai sobrar ninguém para mim. Mentira, minha filha. Aí é que você vai amar todo mundo e terá muitos à disposição.

Tem gente que quer te prender para se sentir seguro, para se sentir maravilhoso. Isso é por causa do orgulho, da vaidade, por causa do que os outros vão dizer, para não pegar mal. Já quer casar e pôr filho no mundo. Vê lá, hein?! Gostar é livre. Se meteu condição, já saiu do espírito.

Quanto mais você se permitir gostar, melhor, mais brota o sentimento de amor pela pessoa e mais vai sentir o gostar. Às vezes, numa relação, não é só amor. É também o gostar. Estou sentindo um gostar dessa pessoa. Que bom! Não precisa fazer nada, só isso.

Vocês precisam treinar. Gosto da minha faxineira, ela é ótima. Está bem, mas não faça nada. Gosto da minha vizinha, ela é tão simpática. Está bem, mas não faça nada, só goste. Gosto de parar e bater um dedinho de prosa com ela. Está bem, mas não faça nada, só goste. Ah, estou com vontade de levar um bolo para ela. É de coração. Então, vá e fique feliz com isso, sem obrigação nenhuma. Ah, mas se ela não quiser o bolo porque está de regime, vou voltar com o bolo para casa? Vou, porque ela não tem que gostar. Eu fui lá porque estava com vontade de dar o bolo para ela. Não tem problema, não tem condição.

Não imponha condição a ninguém. Mas como? O bolo que fiz é de maçã. Vai, vizinha, só um pedacinho não vai fazer mal. A vizinha começa a ficar nervosa: "Ai, mas como você é inconveniente! Ter que me fazer comer o bolo, quebrar meu regime, só para se sentir maravilhosa?" Mas que falta de respeito, não? Porcaria desse bolo! Leve isso daqui! Na minha casa só entra macarrão instantâneo e congelado. Ai, que desgraceira! E você: "Não vou mais conversar com essa vizinha mal-agradecida". Pronto! Já brigou com a vizinha, já arrumou encrenca. Ela, num sacrifício danado para fazer regime, e vem você com bolo de maçã? Tenha a santa paciência! Que vergonha! Isso não é atitude de quem é da elite. Um bolo que era apenas um gostar virou uma encrenca.

As pessoas querem amar, mas vêm com um monte de serviço para a gente. "Ah, eu gosto tanto de você! Você vai fazer festa no seu aniversário?" Ah, pare com isso. Tem que fazer festa para gostar de mim? Não quero esse amor, não. Não é assim que funciona, gente.

Às vezes alguém gosta de você, mas você não sente nada por ela, não é verdade? Não é por maldade. Você só não sente nada. Pode também ser o contrário, não pode? Tem gente que não gosta de você. Por que tem que se ofender se souber que alguém não gosta de você? Não quer dizer que a odeie ou lhe queira mal, apenas não gosta.

Mas também, se odiar, qual é o problema? O ódio é dela e pode fazer o que bem quiser com ele. Não faz a menor diferença, ainda mais quando você tiver gostando muito, muito, muito sem nenhuma medida. Aí, vai ter muito mais gente gostando de você. Mas, dependendo de como a pessoa gosta, era preferível que nem gostasse, não acha? Depois, não sei, não, se você ia gostar de ter todo mundo te amando. Acho que não ficava uma semana no país. Já imaginou toda aquela parentada vindo atrás de você porque te ama de paixão? Todo mundo vindo atrás te puxando o saco, querendo isso, querendo aquilo porque te ama?

O povo quando ama quer tudo, não é? E se não der, iiiiih: "Puxa, como você é ruim! Como você é egoísta! Como você me desfaz! Eu gosto tanto de você, por que você é assim comigo? Por que você me rejeita?" Mas eu não estou te rejeitando, minha filha. Só não estou com vontade. Vamos sair dessa pobreza de espírito, gente. Que coisa feia! Se ofender só porque a pessoa que você gosta não te trata como a maravilha do universo?

Quanta deselegância espiritual! Largue isso, vamos. Agora você é de elite. Diga: "Eu aceito o que o povo gosta e o que o povo não gosta. Não me faz a menor diferença. O que faz diferença é o quanto eu gosto".

Sou livre para sentir o gostar, sem crítica do que gosto. Eu gosto de tudo que é bom, do bom para mim, porque meu espírito é assim. O que não quero é não gostar de nada.

Espero que você tenha aproveitado minhas sugestões, aprendendo a educar sua mente, aprendendo a educar seu espírito, aprendendo a tomar uma postura mais espiritual, que lhe dê mais prazer, mais liberdade, mais leveza, varrendo as velhas ideias. Vamos compreendendo tudo de novo, porque a vida sem felicidade não vale a pena. É encarnação perdida.

Na arte de ser feliz, a gente vai passo a passo, vai aprendendo na felicidade. Aos poucos vamos aprendendo a controlar a mente, não a deixando mais fazer o que fazia, mas sim o que a gente quer. Assim, dominamos a situação, dominamos e criamos um mundo muito melhor para nós e para os outros que estão ao nosso lado.

Sinta-se um espírito, uma luz, uma inteligência no universo. Perceba que, mesmo situado dentro desse corpo, dessa mente, todas essas forças maravilhosas da natureza o sustentam vivo aqui e agora.

Meu espírito é amplo, é grande, é imenso, além dos limites das crenças da realidade que se configura.

A verdade se abre mais a cada dia e me mostra a infinita beleza da minha condição de ser humano, de espírito viajando no tempo e na evolução, construindo e reconstruindo o destino. Meu caminho é bom.

Neste instante, sinto que sempre,
sempre, acertei, que meu caminho é
esse e será o que for.

Eu me aceito único. Eu me aceito
divino como todos são.

Apaziguo minha mente com novas
ideias, com novas posturas.

Abro-me para receber tudo que
me pertence por um direito divino,
por direito natural. Deixo entrar em
mim o novo, o melhor.

Universo, tem muita coisa aqui que eu não
quero e nós vamos sentar muito à mesa,
mas tem muita coisa boa que você me traz.

Eu me abro para esse melhor, para viver
esse melhor, para sentir esse melhor.
Viver além da compreensão dos humanos
que entende a humanidade de uma forma
tão mesquinha, tão pequena, tão distorcida.

Eu quero cada vez mais sentir a verdade
do meu espírito. Quero abraçar a lucidez
do meu ser na imposição desta condição
no meu dia a dia.

Estou aqui para me manter. Estou aqui
para me alcançar, para me encontrar, para
me entender, para me conquistar no
presente da existência.

Minha presença é o maior ganho e,
nesse momento, eu sinto a paz em mim,
a lucidez em mim e a certeza de que
eu nasci para o melhor.

Que cada dia mais eu vá conquistando
e aprendendo a criar a minha felicidade,
porque sou livre do tempo, dos fatos,
da sociedade.

Sou independente e escolho seguir
independente, aproveitando tudo
que tenho.

Sou a razão da vitória e o prêmio
da minha conquista.

Eu nasci para o melhor da vida!

Rua das Oiticicas, 75 – SP
55 11 2613-4777

contato@vidaeconsciencia.com.br
www.vidaeconsciencia.com.br